# 「気になる子ども」と共に学ぶ家庭科

― 特別な支援に応じた授業づくり ―

編著・広島大学　伊藤圭子

# はじめに

　家庭科は，「生活者の自立と共生」をめざす教科です。生活を営んでいる者はすべて生活者であり，これからの社会を生きるすべての子どもに家庭科の学びを保障する必要があります。家庭科授業におけるさまざまな教育活動の各場面で，多様な子どもが共に学ぶことによって，自立と共生が具体的に自覚され，分かるようになるでしょう。このような学習が，尊重しあい支えあう共生社会の実現に繋がっていくといえます。

　日本では2007年から特別支援教育が実施され，特別な支援を必要とする子ども達も家庭科授業で生活者としての自立と共生について学んでいかなくてはなりません。しかし，現在の家庭科授業の在り方のままで，特別な支援を必要とする子ども一人ひとりのニーズに応じた教育的支援を提供できるか危惧されます。2014年には日本も，国連において「障害者の権利に関する条約」に署名・批准しました。この中では，インクルーシブ教育システムの確保や合理的配慮の提供などが強調されています。インクルーシブ教育システムとは，障害の有無にかかわらず多様な人間が共に学ぶ仕組みです。「合理的配慮」とは障害のある子どもが他の子どもと平等に教育を受けるため個別に必要とされるものであり，「『合理的配慮』の否定は障害を理由とする差別に含まれる」とされています（中央教育審議会初等中等教育分科会「共生社会の形成に向けたインクルーシブ教育構築のための特別支援教育の推進（報告）」2012年）。

　特別な教育的支援を必要とする子どもと共に学ぶ家庭科授業の実践経験がある教師に，どのようなことで困難を感じていたかを尋ねると，理論学習においては「授業内容（指示，課題・教科内容，用語を含む）が理解できない」「授業に集中できない」「ノートやプリントに記入できない」など，実習学習においては「用具の使い方が理解できず，うまく使えない」「安全面に不安がある」「個別指導が必要である」「周囲とうまくコミュニケーションがとれない」などの回答が寄せられました（伊藤 2002）。これらの回答を見ると，共に学ぶ家庭科授業がうまくいかない原因を，特別な支援を必要とする子どもの問題として捉えている教師が少なくないようです。教師が子どもの特別な教育的ニーズを把握し，それに応じた適切な教材や教育方法などによって支援できれば，子どもは「分かる」「できる」喜びを感じられるようになるのです。

　2017年3月告示の新学習指導要領では，各教科においても「障害のある児童などについては，学習活動を行う場合に生じる困難さに応じた指導内容や指導方法の工夫を計画的，組織的に行うこと」が明記されています。すなわち，一人ひとりの子どもの実態に応じた指導の工夫が求められています。

　家庭科授業において，適切な教材や教育方法などによる支援が必要なのは，特別な教育的支援を必要とする子どもだけではありません。家庭科が学習対象とする生活は，子どもによって多様です。子ども達の育った環境は一人ひとりで異なり，近年では子どもの貧困

が問題となっています。生活経験が乏しい子どもも増加しています。このように多様な子ども達に対して，同じ内容を同じ方法で画一的に学習させることによる歪みが，子どもに学習上のつまずきとして生じさせています。つまり，教師にとって「気になる子ども」は，特別な教育的支援を必要とする子どもだけでなく，家庭科授業での学習においてつまずきを生じている子ども達も含まれます。

多様な子ども達の存在を前提とし，障害の有無で区分することなく共に学び，子ども一人ひとりの教育的ニーズに応じた授業が開発・実践されることによって，すべての子どもに家庭科の学習が保障されるインクルーシブ教育の充実が期待されています。そして，特別な教育的支援を必要とする子どもに応じて作成された教材や支援方法が，生活経験が乏しいがゆえに家庭科の学習につまずきを生じていた子どもにも有効である場合が多く見られます。また，特別な教育的支援を必要とする子どもに応じた具体的で明確な指示や説明は，他の子どもにおいても学びやすくなります。

子ども一人ひとりのニーズに応じた教育を実践しようとする教師の意識改革は，子ども達の学習に取り組む態度や内容に対する理解が向上するだけでなく，教師自身の子どもへの理解や接し方に変化をもたらすチャンスにもなります。家庭科を担当する教師には，特別な教育的支援の必要の有無に関係なく，一人ひとりの子どもの状況を把握したうえで，教育的支援の方法を検討して，授業開発を行う実践的能力が求められています。

これまでの授業の在り方を一度に変えることは，教師にとっても，子ども達にとっても大変なことです。できることから，少しずつ工夫をしてみましょう。できることから始めた授業とともに，子ども達も，そして，何より教師自身も一緒に少しずつ変わっていきましょう。

特別な支援を必要とする子どもを含む多様な子どもが，より良い生き方をめざして共に尊重しあい，共に考え，共に活動するインクルーシブな家庭科授業を，教師が実践することによって，子ども達は共に生きていけるのではないでしょうか。

本書には，「気になる子ども」に寄りそう授業づくりが，すなわち，すべての子どもに寄りそう授業づくりに繋がると考え，多様な子ども達の存在を前提とし，「気になる子ども」を区分することなく共に学び，子ども一人ひとりの教育的ニーズに応じた授業を開発・実践するヒントが掲載されています。

日頃実践している授業の教材・教具・指導方法などをちょっと工夫することで，多様な子ども達が「分かる」「できる」喜びを実感できる家庭科の授業になることをご理解いただければ幸甚です。

本書が「気になる子ども」と共に学ぶ家庭科授業をどのように実践するか悩んでおられる先生方，初めて家庭科を担当する先生方をはじめ，多くの先生方の参考になれることを願っています。

執筆者を代表して

**伊藤 圭子**

# 目 次

はじめに………………………………………………………………………………………2
本書の構成について…………………………………………………………………………5

## 第1章　家庭科授業で「気になる子ども」の行動特徴と支援方法
　第1節　家庭科の授業で「気になる子ども」はいませんか………………………………6
　第2節　家庭科授業での教師による工夫のすすめ…………………………………………8
　第3節　「気になる子ども」と共に学ぶ家庭科の授業づくり……………………………10
　第4節　「気になる子ども」の行動特徴と手だて…………………………………………12
　第5節　「気になる子ども」の行動特徴に応じた支援方法………………………………18
　　　　　・理論学習の支援方法（一覧表）………………………………………………19
　　　　　・実習学習の支援方法（一覧表）………………………………………………24

## 第2章　「気になる子ども」の行動特徴と授業の実際（小学校・中学校）
　本授業実践の使い方…………………………………………………………………………26
　第1節　理解しにくい子どもへの支援………………………………………………………28
　第2節　不注意な子どもへの支援……………………………………………………………36
　第3節　多動・衝動的な子どもへの支援……………………………………………………44
　第4節　人とのかかわりが苦手な子どもへの支援…………………………………………52
　第5節　興味・関心が狭い子どもへの支援…………………………………………………60
　第6節　手先が不器用な子どもへの支援……………………………………………………68

## 第3章　家庭科授業　はじめの一歩
　第1節　家庭科の授業づくりの基礎…………………………………………………………70
　第2節　実習授業の基礎………………………………………………………………………75
　　1．調理実習授業の基礎……………………………………………………………………75
　　2．被服実習授業の基礎……………………………………………………………………78
　　3．ヒヤリ・ハット体験と危険防止方法…………………………………………………82
　第3節　家庭との連携……86

## 第4章　家庭科授業　応用・発展
　第1節　一枚ポートフォリオシートの活用…………………………………………………89
　第2節　ジグソー学習法の活用………………………………………………………………91
　第3節　家庭実践レポートの活用……………………………………………………………93

おわりに………………………………………………………………………………………95

# 本書の構成について

　小学校や中学校の家庭科授業において，支援を必要としている「気になる子ども」には，「長期的に特別な教育的支援を必要とする子ども」と「一時的に特別な教育的支援を必要とする子ども」が含まれると考えます。

　「長期的に特別な教育的支援を必要とする子ども」とは，特に行動特徴が端的に表れる子ども達（例えば，学習障害（LD），注意欠陥多動性障害（ADHD），高機能自閉症などの軽度発達障害のある子ども達）であり，長期にわたって特別な配慮や支援を必要としています。

　「一時的に特別な教育的支援を必要とする子ども」とは，教師の不適切な教育的対応によって一時的に学習上のつまずきを生じた子どもです。教師が子ども達の日常生活を踏まえた実態を把握して，適切な教材や指導方法を提供できれば，子どものつまずきは解消されます。

　そこで本書では，家庭科授業における子どもの学習上のつまずきを軽減するため，2つの観点から構成されています。1つ目は「長期的に特別な教育的支援を必要とする子ども」の行動特徴を知り，それに応じた支援方法で授業実践できるように，2つ目は「一時的に特別な教育的支援を必要とする子ども」の日常生活や思考の筋道にそった授業づくりの基本と応用・発展のポイントが分かりやすいように，具体的・実践的に示しています。

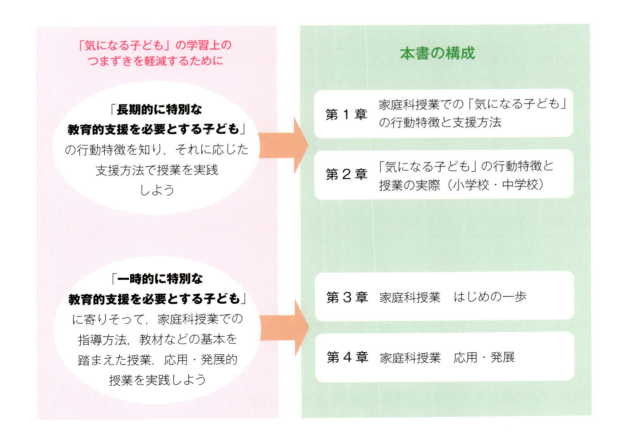

# 第1章　家庭科授業で「気になる子ども」の行動特徴と支援方法

## 第1節 家庭科の授業で「気になる子ども」はいませんか

### 家庭科の授業中に，次のような子どもを見かけませんか？

**理論学習で…**

- 活動に時間がかかる，課題が終わらない
- 資料の説明が理解できない，資料の読み取りができない
- 教科書がうまく読めない，漢字が読めない
- 板書がうまくできない，きちんと整理して書くことができない
- 他者の立場に置き換えて考えることが難しい
- 発表の時間になると，注意を引くために騒がしくなる
- 指名されると混乱してしまう
- 作業の指示がなかなか理解できない
- 発問が分からない

等

**実習学習で…**

- 実習の流れや作業のやり方（計量の仕方，ミシンの糸通し等）が理解できない
- 調理実習等で複数の作業を同時進行することができない
- 興味・関心の偏りが強い
- 活動に集中できず，周囲のことが気になる
- 離席することが多い
- 間違ったやり方ですすんでしまう
- 用具や器具がうまく使えない
- 調理室のようにいつもと違う場所での学習でパニックになる

等

　子ども達は家庭科授業の中で，多少の差はあっても，何らかのつまずきを生じながら学習しています。

　子どもの中には，一度説明すればすぐに学習・作業ができる子ども，教師の説明や援助がなくても学習・作業ができる子どももいれば，教師が頻繁に説明や指導をし，作業の進行状況を確認しなければ課題達成ができない子どももいます。

　教師が子ども達の実態を踏まえ，教育的ニーズに応じた支援方法や教材，学習環境などを用いることができなければ，子ども達に学習上のつまずきを生じさせてしまいます。

　つまずいた経験は，子どもに「怖い」「難しい」という苦手意識を生じさせ，知識・技術の習得を妨げるという悪循環を生じさせることがあります。

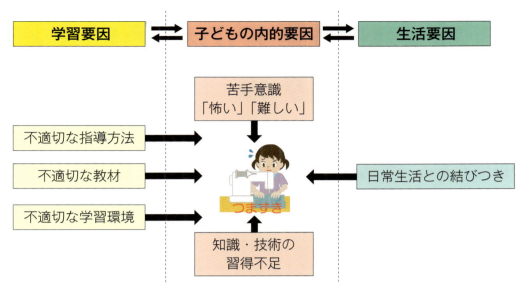

図1　家庭科の学習場面における子どものつまずきの要因

　これからの家庭科授業では，一人ひとりの教育的ニーズに応じた指導・支援をしていくことが求められています。そのためにはまず，子ども達の困難なこと・苦手なことを見取り，理解することが必要です。
　そして，教師が子どもの教育的ニーズを十分に把握して，それに応じた適切な指導方法，教材，学習環境で支援を行うことができ，子どもが日常生活と家庭科とを結びつけることができれば，子どものつまずきは軽減できます。

## 第2節 家庭科授業での教師による工夫のすすめ

### 家庭科の目標である〈生活者としての自立と共生〉をめざして一生懸命授業をしているのに，分かってくれないと悩んでいませんか？

まずは，日頃の授業を振り返ってみましょう。
教師が子どものためにと思って行う指導も，その意図が子どもに伝わらないことがあります。
例えば，次のような授業を行っていないでしょうか。

●「～をして，次に～をしなさい。できた人は～をして待っていなさい」と言葉だけで次々と指示を出す

　子どもの中には，たくさんの指示を一度に出されてもすべて覚えておくことができない子どもがいます。また，言葉だけでの指示を理解することに，困難をもつ子ども達もいます。指示を理解できないという状況をそのままにしておくと，学習において身につけるべき知識や技能を得ることができません。

●授業の中でいつもと違うことを予告なしに急に行う

　子どもの中には，いつでも同じでないと不安になる子どもや，いったん始めたことを最後までやり通さないと心配になる子どもがいます。そのような子どもにとっては，その時間のことや未来のことに対する「見通し」をもつことが非常に大切です。予告なしにいつものやり方を変えることは，パニックを起こす原因になります。

●「気になる子ども」がその場にいるだけになっている
　　例えば…
　　・できる作業だけを求めて，あとは好きなことをさせておく
　　・家庭科の教科書の中から興味をもちそうな挿絵を見せておく

　始めから，その子には「できない」と決めつけていませんか？　子どもは，みんな学ぶ権利をもっています。教師が思う以上に，子ども達は自分の状況について認識しているかもしれません。「どうして自分だけ他の子と違うことをしないといけないのだろう…」「他の子と同じことをしてみたいな…」そのように考えているかもしれません。

このように教師が何気なく行っている子どもへの指導が，子どもに混乱を生じさせ，分からなくさせてしまうことがあります。

　教師が子どもの実態を把握し，子どもに寄りそった指導を行うことで，子ども達みんなが安心して家庭科の授業を受けることができ，「今日は○○が分かった！」「今日は○○ができるようになった！」と感じられるようになります。その指導は少しの工夫でよいのです。

　図2にAさんの例を紹介します。

　教師が工夫した支援を用いる前のAさんは，教師の全体説明では理解しにくかったため，作業のやり方が分かりませんでした。その結果，作業ができず，何もしないままでいました。そのようなAさんに教師が気づき，個別指導を行いました。しかし，それに時間が費やされたことをきっかけにAさんは作業開始が遅れ，教師の全体説明による次の指示や大事な作業の要点を聞くことができないという繰り返しが続いていました。

　そこで，教師はAさんが分かりやすいよう，板書を具体的にスモールステップで示すという工夫をして，それに従って説明しました。そして，同じ班の子どもが「こうしたらいいよ」などのちょっとしたアドバイスをするようになると，Aさんは教師が繰り返し説明をしなくても，作業に遅れることはなくなりました。

　つまり，教師の対応の仕方により，子どものつまずきは軽減できるのです。

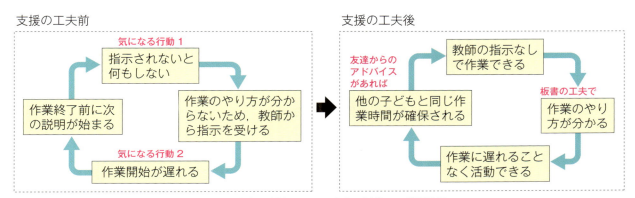

図2　教師の対応によるAさんの授業での学習状況

## 第3節
# 「気になる子ども」と共に学ぶ家庭科の授業づくり

**「一斉指導で授業実践すると，分からない子どもが出てきてしまう」**
**「もっと一人ひとりにあった指導をしたいけれど，個別指導をするには教師が足りない，時間が足りない」といった悩みを抱えたことはありませんか？**

　教師がどのような教育的支援を，誰に，いつ，どこで，どのような方法で行うのかは，子どもの状態によって大きく異なってきます。

　例えば，興味・関心に偏りがある子どもは，ある内容の学習に対しては興味を示し積極的に授業へ参加しますが，別の内容の学習に対しては全く興味を示さず，授業に参加できないことがあります。このような場合，どのような授業づくりが考えられるでしょうか。

　教師のかかわり方によっては，子どもにつまずきを生じさせることもあります。

　まず，教師は子どもの興味・関心の実態を把握します。子ども達の興味・関心によってグループ分けして授業を行うことや，多様な教材を用意し，子どもの興味・関心に応じて教材を選択させる授業も考えられます。その際，子ども達の授業目標や授業場所を同一にするのか，何名の教師で授業を行うのか等いろいろな教育的支援について連動させて考える必要があります。

　家庭科授業の中では，何人かの多様な「気になる子ども」が共に学習していることがあります。つまり，教師は，子ども，授業目標，教材，指導方法，授業担当者等という構成要素に求められる教育的支援を相互に組みあわせることによって，「気になる子ども」に寄りそった共に学ぶ授業づくりを行うことが必要です。

　「気になる子ども」が困難な状況に陥らないための家庭科の授業づくりを，教師が以下の「5W1H」という観点を関連づけて，どのような教育的支援を提供したら良いか検討してみましょう。

**Why：すべての子どもの学びを保障する家庭科授業が求められています。**
**Who：どのような教育的ニーズをもつ子ども達なのでしょうか。**
　　　どのような子どもを対象として家庭科授業を実施するかを十分に把握することが必要です。
　　　「長期的に教育的支援を必要とする子ども」なのか，「一時的に教育的支援を必要とする子ども」なのか。
**What：子どもたちの到達目標を同一とするのか，あるいは同方向とはするが「気になる子ども」の到達度を違えるのか。**
**When：授業時間内に教育的支援を行うのか，授業時間以外でも教育的支援を必要としているのか。**
**Where：子ども全員を同じ教室で一斉に学習させるのか，到達目標に応じてグループごとに別場所で学習させるのか。**
　　　例えば，他の子どもと同じ学習内容を習得できても，特に注意が散漫になりやすく，集中力が続かない等の環境の工夫を必要とする子どもには，同じ教室の一角に学習場所を設けて学習させるのが効果的な場合もあります。
**How：どのような教育的支援を提供するのか。教材は同一教材で良いのか，それとも特別なニーズに応じた教材を必要とするのか。さらに，何名の教師が授業にかかわるのか。授業方法はどうするのか。**

教師は子ども達の実態を踏まえ，知識・技能を受け入れやすいように工夫する必要があります。

そのためには，

**①できるだけ情報を整理し要点を絞って，**
**②子どもの生活経験を踏まえて分かりやすく，**
**③少しずつ，**
**④子どもが分かっているか確認しながら，**

子どもに提供していきます。このような観点から，教材の選定や板書やワークシートの作成を行うと良いでしょう。

また，子どもによって，受け入れやすい方法があります。例えば，口頭で説明するだけでなく，視覚的に，または体を使って学ぶことで受け入れやすくなる場合があります。多様な方法や教材を用意し，選ばせることが良い場合もあります。子どもによってつまずく箇所が異なることから，その各人異なって生じるつまずきを意識化させることが効果的な場合もあります。

# 第4節 「気になる子ども」の行動特徴と手だて

　家庭科の学習場面で「気になる子ども」のうち，「長期的に特別な教育的支援を必要とする子ども」，すなわち「理解しにくい子ども」「不注意な子ども」「多動・衝動的な子ども」「人とのかかわりが苦手な子ども」「興味・関心が狭く，こだわりが強い子ども」「聞くことが苦手な子ども」「書くことが苦手な子ども」「話すことが苦手な子ども」「読むことが苦手な子ども」「手先が不器用な子ども」の行動特徴とその手だてを次に示します。なお，以下の子どもたちの行動特徴には個人差があります。

## (1) 理解しにくい子どもの行動特徴と手だて

**理解しにくい子どもの行動特徴**
- 文字を読んだり書いたりすることが苦手。
- 板書をノートに書き写すのが苦手。
- 計算や推論が苦手。
- 教員の口頭での指示に従うことが苦手。特に複数の指示や長い指示には従うことにより困難がある。
- 自分の意志や考えを話し言葉で表現することが難しい。
- 全般的に学力が低い。
- 学習内容の定着が難しく，次の題材へ移ると以前の学習内容の記憶があまり残っていない。

　こうした子どもは，基盤的な学習技能である聞く，話す，読む，書く，計算するまたは推論する力のうち，特定のものに困難があり，それが家庭科の学習に困難をきたしているかもしれませんし，認知や発達の全般的な遅れから，教科学習全般に学習の遅れが顕著になっているかもしれません。また，これから述べる(2)〜(6)の特徴をもつ子どもが，学習内容の理解の困難さを併せもっていたり，こうした困難が続くことで，二次性の障害へと発展していたりする可能性もあります。これは，いずれの特徴をもつ子どもにもいえることですが，特に理解しにくい子どもの場合，理解しにくさの背景や原因はさまざまです。その背景や原因が分からないときには，特別支援教育コーディネーターに相談するなど，一人で抱え込まず，複数の目でその子どもの実態を把握することが大切です。

**手だて**
- 聞いて理解することにつまずきがある子どもには，黒板やプロジェクタ，ビデオ，絵図等，目からの情報を多く活用して指導することが効果的な場合があります。
- 見ることや書くことにつまずきのある子どもの中には，言葉で丁寧に説明する，暗唱して覚える等のように，耳からの情報を活用して指導することが有効な場合があります。
- 読むことにつまずきのある子どもの場合，宿題や課題の指示文や問題文が，その子どもの読み能力に合致しているかを確認しましょう。もしそれができないなら，全員に向けて，その指示文や問題文を声に出して読みましょう。そしてその指示内容について質問があった場合には丁寧に説明をし

- ましょう。
- その他，人へのかかわりが困難な子どもや，興味・関心が狭い（こだわる）子どもへの手だてが参考になる場合があります。
- 授業で取り扱う題材や詳しい内容の一覧表を教室に貼りましょう。そしてそれぞれの題材の授業を終えたら，チェックしていきましょう。
- 授業の終わりに，子どもが宿題や課題の内容を書き終え，教材を片付けるための十分な時間を設けましょう。
- 板書をノートに書き写すことが困難な子どもには，板書の内容を印刷したプリントを予め用意し，配布しましょう。
- 班活動を行う際，子どもの長所や得意な点を生かせるような，例えば司会や記録係，発表者などのような役割を与えましょう。

## (2) 不注意な子どもの行動特徴と手だて

**不注意な子どもの行動特徴**
- 宿題や傘等の忘れ物が多い。
- 机の中や棚，周囲の整理整頓が苦手。
- 教員の話をきちんと聞かず，行動が遅れたり，指示とは違ったことをしてしまう。
- 授業中，話を聞いておらず，うわの空に見える。
- 友達との約束を忘れたり，間違えたりすることがある。
- 鉛筆や消しゴム等の学習用具を机の上から落としやすい。
- 文章を飛ばしたり，思い込みで読んだりすることがある。

　こうした子どもは，同年代の子どもにくらべて，注意や集中が続きにくいのが特徴です。特に興味のないものに対して，長時間注意を向けることが苦手です。授業中，周囲でちょっとした物音がすると，そちらに意識が向いてしまい，授業に集中できなくなったり，ぼうっとして，話を聞いていないように見えたりします。忘れ物やうっかりミスも目立ちます。学年が上がるにつれ，学習面の遅れが生じたり，社会的なスキルの習得が困難になったりすることで，学習意欲や自己肯定感の低下や情緒不安定，大人への反抗等の二次性の障害へと発展する可能性もあります。

**手だて**
- よくしゃべる子ども，窓やドア，その他騒音を引き起こすもの，そして触ったり遊んだりできる教材が置いてある棚などから離れた場所に座席を指定しましょう。
- 静かで集中して学習に取り組んでいる子どものそばや教員の目の前，または騒ぐ可能性のある子どもから離れた場所に座らせましょう。
- 教室内の机等の配置はできるだけ変えないようにしましょう。必要なとき以外は，できるだけ配置を固定しましょう。
- 授業の流れを見通しのもてるような形にしましょう。急な変更も含め，その時間のスケジュールを板書するか教室内に貼りましょう。
- 長文で指示するよりも，箇条書きの簡潔なリストにして指示を与えましょう。
- 課題に取り組ませる前に，全員が指示内容をきちんと理解しているかを確認しましょう。

- 子どもの学びの深化を的確に把握するために，頻繁に子どもの学びの進捗状況を評価しましょう。

## (3) 多動・衝動的な子どもの行動特徴と手だて

**多動・衝動的な子どもの行動特徴**
- うっかりミスが多い。
- 気が散りやすい。
- 忘れ物が多く，身の回りの整理が苦手。
- ちょっとしたことでイライラすることがある。
- 人の話を最後まで聞けず，途中で口をはさむ。
- 考える前に口や手が出やすい。
- 決まりやルールを守ることが難しい。

こうした子どもは，授業中，じっと着席していることが苦手です。他の子どもたちが席についていても，教室内や廊下を歩き回る子どももいます。多動には「移動性多動」と「非移動性多動」がありますが，このようなケースは移動性多動になります。非移動性多動の場合，あまり席を立つことはありませんが，机の上の物を触ったり，体を動かしたりして授業に集中できていない様子がうかがえます。成長するにつれて，移動性多動から非移動性多動へと移行していくケースが多いといわれています。また，学年が上がるにつれ，不注意な子どもと同様の二次性の障害へと発展する可能性もあります。

**手だて**
- 他の子どもを妨害する行動を見かけたときは，その子どもを呼び出し，そのような行動がなぜ他の子どもの邪魔になるのかを説明しましょう。そして，次に同じような行動をしたときに，それを子どもに知らせるための目立たない合図を，予め子どもと話しあって決めておきましょう。
- 歩き回っていてもきちんと学習に参加している場合は，歩き回ることに対してはとがめない，または，歩き回る必要のある活動を授業の中に盛り込みましょう。
- 学習ややるべきことがきちんとできている他の子どもをほめることで，間接的に本人がめざすべき学習や行動の方向性を頻繁に示してあげましょう。
- 落ち着くための薬の処方を受けている子どもの場合，学級担任や特別支援教育コーディネーター，保護者と薬の量や服薬のタイミング，注意事項等について情報共有しておきましょう。
- 火気や包丁，針，ミシンの取り扱い等，特に注意を要する作業については，手順をイラストや写真，動画，板書，口頭など，本人に情報が入りやすい形で提示し，確認したうえで，必ずペアで作業を実施するよう注意を促しましょう。また，教師の目の届きやすいところを本人の座席位置としておきましょう。
- 子どもが廊下に出る場合は，どこへ何をしに行くのか，いつまでに帰ってくるのかを教師と約束し，きちんと約束が守れた場合には具体的に何が良かったかを説明したうえでほめ，守れなかった場合には，何をすべきだったか，次に廊下に出る場合はどういう点について気をつけなければならないかを具体的に子どもに伝えるようにしましょう。

## (4) 人へのかかわりが困難な子どもの行動特徴と手だて

**人へのかかわりが困難な子どもの行動特徴**
- 目が泳いでしまう，視線が不自然。
- 場や気持ちにそぐわない表情をする。
- 会話をする距離感が近すぎるまたは遠すぎる。
- 身振り・ジェスチャー・表情などの非言語的な表現の表出や理解が苦手。
- 慣用句や皮肉，遠回しで間接的な表現の理解が苦手。
- 他人の気持ちを推し量ることが苦手。
- 急な変更に対して柔軟に対応することが苦手。
- トラブルになると，口よりも手が出てしまう。

　こうした子どもは，他の子どもたちとうまくコミュニケーションを図ることが苦手です。それは，曖昧な表現や顔の表情等から相手の気持ちを察することが困難なためです。例えば，他の子どもが微笑んでいても，なぜ微笑んでいるのかを理解できなかったり，他の子どもが怒っていても，なぜ怒っているのかを理解できなかったりするために，相手に不愉快な思いをさせることがあります。そのため，特に相手が怒っている場合は，余計に怒らせてしまうこともあるかもしれません。また，感情的になった場合，言葉による説明や感情の表出が難しくなり，つい相手に手を出し，トラブルに発展することもあります。

**手だて**
- 「～をしてはいけません」のような禁止の指示ではなく，「～をしましょう」のように，何をすべきかを肯定的な表現で指示しましょう（例：「廊下を走ってはいけません」ではなく，「廊下を歩きましょう」）。
- 音や光に敏感な子どもは，ちょっとした騒音や他の子ども達の話し声，蛍光灯の光にも強く反応することがあります。必要に応じて一人で落ち着けるパーソナルスペースを用意したり，遮光めがねや防音用イヤーマフの着用を許可したりしましょう。
- 指示の内容を明瞭に，短く，分かりやすく伝えましょう。口頭だけでなく，視覚による指示の提示を併用すると理解されやすくなるかもしれません。
- 慣用句やことわざ，婉曲表現や皮肉表現は避け，端的で直接的な表現での指示を心がけましょう。
- 実習の際は，子どもにはできるだけ決まった役割を与え，本人が安心して実習に取り組めるように配慮しましょう。また，役割を変える際は，その新たな役割の内容だけでなく，その役割の重要性や変更する理由についても本人に分かりやすく説明し，納得してもらうように心がけましょう。
- その他，次に紹介する興味関心が狭い（こだわる）子どもへの手だてが有効な場合があります。

## (5) 興味関心が狭い（こだわる）子どもの行動特徴と手だて

**興味関心が狭い（こだわる）子どもの行動特徴──(4)で述べた特徴を併せもつ子どももいます**
- 自分にとって興味関心のあることを深く掘り下げていくため，同級生となかなか話が合わない。
- 相手に興味関心があろうがなかろうが関係なく，自分の知識や興味関心のあることを話す。
- 興味関心のないことについてはわざわざ歩み寄ってまで関心を寄せようとしない。

- 自分なりのルールやパターン，決めごとがある。

　こうした子どもは，自分の決めた予定や手順等を変えることが難しく，教員や他の子どもが変更を促すと頑なに拒んだり，混乱したりすることがあります。興味のあることに関しては，たくさんの情報を記憶したり，それを引き出したりすることができますが，興味のないことについては，記憶しようという努力をしないことが多いです。そのため，教科間における成績に大きなばらつきが出ることがあります。なお，興味のあることに関しては，手をつけると熱中しすぎて周りが目に入らなくなったり，話し始めると夢中になりすぎて止まらなくなったりすることもあります。全般的には同級生と比べると幼さが目立つことが多いですが，興味関心のあることについてはたくさんの知識があるため，周囲から「博士」などと呼ばれていることもあります。

### 手だて
- 子どもの興味関心のある事柄をどのように授業に生かせるかを考えましょう。
- 見通しのもてるスケジュール表，整理された課題や教材，分かりやすくはっきりとした指示，そしてまもなく移行や変更が始まることを知らせる合図を提供しましょう。
- 新しい情報や指示内容は，本人にとってなじみのある内容と関連づけましょう。
- 授業の中に決まった合図やルーティンを導入しましょう。例えば授業が終わりかけのときに「ノートを開いて宿題の内容を書きましょう」や「あと5分で終わります」などの声かけをしましょう。
- 毎日のスケジュールを教室内に掲示しましょう。そしてルーティンからの変更については子どもたちに注意を促しましょう。
- 子どもがきちんと正確に理解しているかを頻繁にチェックしましょう。
- 授業を順序良く，整理された方法で提示しましょう。
- 必要に応じて延長時間を提供しましょう。
- 分かりやすく，ステップバイステップでの指示（最初に，次に，それから，最後に，等）を与えましょう。できれば，各ステップで子どもがきちんと指示に従えているかを教師または同じグループの他の子どもが確認するようにしましょう。
- その他，この前に紹介した，人へのかかわりが困難な子どもへの手だてが有効な場合があります。

## (6) 手先が不器用な子どもの行動特徴と手だて

### 手先が不器用な子どもの行動特徴
- パズルを組みあわせたり，模型を組み立てたりするのが苦手。
- ボール遊びやキャッチボールが苦手。
- 文字をますや罫線の中に入れて書くことが苦手。
- 筆圧が高いまたは低い。
- 階段の昇降がぎこちない。
- 靴ひもをうまく結べない。
- 箸をうまく使えない。
- 消しゴムを使って文字を消そうとすると紙が破れる。
- 定規やコンパスをうまく押さえられずに書いた線がずれる。

こうした子どもは，目と手，手と手，足と手等の個別の動きを一緒に協調しながら行う運動や動作が苦手で，物を落とす，ぶつかるなどの不器用さや，物を掴む，はさみを使う，字を書く，自転車に乗るなどの運動技能の遂行における遅さや不正確さが見られます。消しゴムを使うと紙が破れてしまうような手先の運動（微細運動）の不器用さだけでなく，キャッチボールが苦手等といった全身運動（粗大運動）を含む不器用さを併せもつ子どももいます。日常生活での運動や動作に困難があるため，その困難が続くと，(2)や(3)の子どものように，二次性の障害へと発展する可能性もあります。

**手だて**
- 筆圧を下げるペンや鉛筆，ずれにくい定規など，バリアフリー文具の使用を認めましょう。
- 粘土を使って，粘土の形を変えて何かを作ったり，細かい作業を行ったりすることで，力の入れ方の加減を学ぶ機会をもちましょう。
- 糸を通すときには卓上型糸通し器を使用したり，フェルトを切るときには太めのサインペンでしるしをつけ，そのしるしの部分をバリアフリーばさみで切らせたりなど，子どもの授業への参加度を高めるための配慮を行いましょう。
- 子どもが授業時間中に終らせることができなかった課題を，無理のない範囲で引き続き取り組んでもらうよう，家庭と連携を図りましょう。
- 小グループで実習をする際は，本人が得意なまたはあまり苦手ではない役割を担うことができるように配慮をしましょう。
- 本人の努力の過程や成果を適切に評価し，ほめるとともに，次にめざすべき方向もきちんと示しましょう。

## (7) 二次性の障害への気づきの重要性

　不注意や多動・衝動性，人へのかかわりの困難さ，興味関心の狭さ（こだわり），手先の不器用さ，学習内容の理解のしにくさなどの一次的な困難（一次性の障害）が継続することによって子どもが学習や生活のしづらさを感じていても，周囲がそれに気づかなかったり認めなかったりすることがあります。そのため，必要な支援が受けられなかったり，逆に「努力が足りない」「やる気がない」等と叱責されたりすることがあります。こうした状況が続くと，子どもは自尊感情や自己肯定感が低下し，二次的な困難（二次性の障害）に陥る可能性があります。二次性の障害は，子どもの自尊感情の低下をもたらします。場合によっては，過度に萎縮した生活態度や，その反対に投げやりな生活態度，あるいは反抗的態度等，情緒・行動面の不適応行動を見せるようにもなります。さらに，周囲の人々との人間関係も悪化し，不登校や暴力の要因として無視できない問題へと発展する可能性もあります。

　二次性の障害は，早期に適切な支援を行えば比較的短時間で改善します。一次性の障害であるその特性に応じた支援を工夫しつつ，子どもの良いところを探し，本人の努力や成果を適切に評価することで自信や意欲をもたせるなど，二次性の障害の予防と改善を常に意識しながら支援を行い，学習の達成感をもたせるだけでなく学校への所属感や子ども達の連帯感を深める努力をすることが大切です。

　これは，家庭でも同じことがいえます。特に家庭科では，実習で学んだことを家庭でもすぐに再現できる点が強みです。家庭と連携しながら，実習で学んだことを家庭でもやってみるよう子どもを促し，例えば調理前の身支度や用具の使用や手入れなどの重要性について家族に説明する機会を設けたり，実習で学んだみそ汁を家族に振る舞ったりなどすることで，本人の家庭への所属感や家族との連帯感をさらに深めるきっかけにもなります。

## 第5節 「気になる子ども」の行動特徴に応じた支援方法

「長期的に特別な教育的支援を必要とする子ども」の行動特徴に応じた支援方法を表1，表2に示します。

この表は，理論学習・実習学習別に，「長期的に特別な教育的支援を必要とする子ども」の行動特徴別に，どのような具体的支援の方法があるかを，課題・授業構成，教材・教具，板書，指示・発問，子どもとのかかわり方，学習環境，保護者との連携という，支援の観点から示しています。

なお，前項の (1) ～ (6) の子どもの行動特徴の背景や原因は多様であることから，それに対する支援は重複しているところがあります。

また，いくつかの行動特徴を併せもっている子どもがいますので，家庭科を学んでいる子どもの特徴を教師は十分に把握して，子どもに応じた支援方法を工夫して授業を実践してみましょう。

表1，表2に記載されている「絵カード」として，下のようなものが使えます。

### ◎ 絵カード（学習ルールを決めて，視覚的に掲示する）

学習活動に応じて黒板等に貼り，適切な行動に気づかせます。

**声のレベルカード例**（黒板横に掲示）

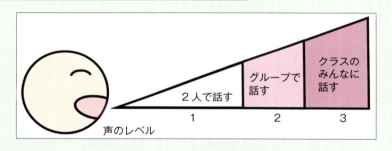

**学習の場に応じた活動カード例**（カード裏にマグネットを貼る）

2枚のカードの真ん中にマグネットを挟んで貼りあわせると，表裏ひっくり返しながら使用できる。

第1章 家庭科授業で「気になる子ども」の行動特徴と支援方法

表1 理論学習の支援方法（板書は機能別に示す）

| 子どもの行動特徴 | 課題・授業構成 | 教材・教具 | 板書 | 支援の観点<br>指示・発問 | 子どもとのかかわり方 | 学習環境 | 保護者との連携 |
|---|---|---|---|---|---|---|---|
| 理解しにくい | ・わかりやすく具体的な表現で課題提示をする。<br>・課題はスモールステップで提示する。<br>・声に出す、メモする、指差しなど聴覚、視覚、運動感覚を用いる。<br>・替え歌や語呂あわせゲームなどを活用する。 | ・視覚的な手がかり（絵カード、イラスト、写真等）を活用する。<br>・漢字にひらがなのルビをふる。<br>・写真やイラスト等を使い、考える手がかりを準備する。<br>・授業・作業の流れを補助教材を準備する。<br>・キャラクターを設定する。<br>・ネーミング（例：○○名人、○○の達人）を工夫する。<br>・ワークシートの記入欄にマス目やラインを入れて記入しやすくする。 | 見通しをもたせるために<br>・学習の流れを黒板の端や小黒板に板書する。<br>・作業の手順などの要点をシンプルに示す。<br>・指示後は1つずつ確認する。<br>・複数の指示がある場合は、1つの指示による行動ができてから、次の指示を出す。<br>・今何をしているかが分かるように、矢印や赤丸枠などのマグネットで目印をつける。<br>・タイマーや紙で作った時計を黒板に貼って、時間の区切りを示す。 | ・短く簡潔に、具体的で分かりやすい表現の指示・説明を行う。<br>・1回に1つの指示とし、指示後は1つずつ確認する。<br>・複数の指示がある場合は、1つの指示による行動ができてから、次の指示を出す。<br>・理解を助ける視覚的な手がかり（イラスト、絵、実物等）を用いて、子どもの生活経験や身近なヒト・モノ・コトを例に挙げて、説明・指示をする。<br>・繰り返して理解させる。 | ・話し方を工夫する（抑揚・スピード）。<br>・表情・身振りを用いて伝える。<br>・ほめる量を多くするように意識して、自信をもたせる。<br>・良いところを伸ばすように言う。<br>・曖昧な表現は使わないようにする。<br>・課題ができたら、すぐにほめる。取り組んでいることも認めてほめる。 | ・座席の位置に配慮し、グループ活動等に参加しやすい環境を整える。 | ・学校で学習している内容を伝え、協力をお願いし、連携する。<br>・家庭科だよりを出して、授業内容を理解し、補足してもらう。 |
| 不注意 | ・集中できる時間を考慮した内容や量の課題を設定する。<br>・やったこと、できたことを意識できる課題にする。<br>・課題ができたらシールを貼って評価し、集中する時間を少しずつ延ばす。<br>・少人数で学習できる時間を設ける。<br>・見通しがもてるように、始めと終わりを明確に示す。<br>・学習の流れや内容を時間で区切る。 | ・視覚的な手がかり（絵カード、イラスト、写真等）を活用する。<br>・興味があるものを把握し、利用する（キャラクター等）。<br>・重要な点は色鉛筆やマーカーで分かりやすくする。<br>・学習道具のチェックリストを机の横に置いて自分でチェックできるようにする。<br>・見せたいところだけを見せ、他のところは下敷きや本で隠す。<br>・量ではなく時間で区切る。 | 共有するために<br>・作業手順を板書した下にネームカードやヘルプカードを貼らせ、手の空いた他の子どもや教師に助けを求めることができるようにする。<br>・子ども達の意見を板書したら下にネームカードを貼って、誰の意見か分かりやすくする。<br>・立場が異なって異なる場合、自分に近い意見を見にネームカードを貼る。 | ・短く簡潔に、具体的な指示をする。<br>・視覚的な手がかり（絵、具体的な言葉、実物等）を加えて分かりやすく説明・指示をする。<br>・さりげなく声をかけたり、肩に手を置くなどして、注意を引きつける。<br>・さわる、見るなどの指示にしたり、発言をさせたりする。<br>・はっきりとした口調でゆっくりと話す。 | ・子どもの行動のルールを決めておき、その行動の絵カード（例えば、聞くとき等）を書くときなどを提示し、今何をすることかを示す。<br>・課題に取り組んでいることを認め、できたらすぐにほめる。<br>・メモをとり、チェックするように指導する。<br>・授業開始の呼びかけが始まる意識をもたせる。<br>・教室移動時に意識をもたせる絵カードで示す。<br>・子どもに集中時間を意識させる。 | ・子どもの注意を妨げるもと（掲示物、小動物等）を取り去る。<br>・教室内の掲示物や授業に関係のない刺激を授業中はカーテンや間仕切りで隠す。<br>・机上に不必要なものを置かせない。<br>・窓に不透明シート（曇りガラスシート）を貼る。<br>・余分な刺激の入らない環境にする。 | ・家庭に持ち物準備表を持たせ、保護者に準備の協力を得る。 |

| 子どもの行動特徴 | 支援の観点 | | | | | | 保護者との連携 |
|---|---|---|---|---|---|---|---|
| | 課題・授業構成 | 教材・教具 | 板書 | 指示・発問 | 子どもとのかかわり方 | 学習環境 | |
| | ・授業の流れを示す。<br>・授業の始めに集中のための課題を入れる。<br>・課題の量や時間、進度を自分で決められるようにする。<br>・「いつまでに何をするのか」の見通しをもたせる。<br>・着席と授業参加を積極的に取り入れ、得意な内容では、着席と授業参加をできたら十分にほめにメリハリをつける。<br>・授業をいくつかの小ユニットに分ける。<br>・集中しなければならない時間や時刻を、時計を使って確認できるようにする。<br>・授業の導入でこどもの興味・関心を喚起する。<br>・体験や作業を取り入れる。<br>・各授業の流れをできるだけ同様にする。 | ・興味・関心のもてる教材・教具を選ばせる。<br>・子どもの達成レベルにあわせる。<br>・1枚のワークシートの課題の量を少なくする。<br>・ワークシートを赤線で区切る等して見通しする。 | ・場面や気持ちを切り替えさせたいときに、口頭に加えて、場面切り替えカード（マグネットつき）を黒板に貼る。<br>・発表のルールを掲示する等、視覚化する。<br>・大事なことは色チョークを用いたり、枠で囲って強調する。<br>・人の感情や立場、行動の目的を分かりやすい表現やカード（イラストらせ、立場を明確にさせる。<br>・場に応じた行動を写真や絵で示したカード（例えば、静かに開くとき、書くとき、話すとき等）を適時掲示する。<br>・声の大きさレベルを示したカード（場に応じた声の大きさ）を提示する。<br>・発表の仕方や内容の伝え方等のルールを掲示しておく。<br>・取るべき手段の順番を書いて貼っておく。 明確にするために（視覚化） | ・同時に複数の指示を出さない。 | ・学習に取り組ませ、決めた時間が守られたらその頑張りをほめる。 | ・分かりやすい出入口や窓の近くを避け、教師が支援をしやすい座席の位置にする。<br>・授業ルールはいつも見える位置に掲示する。<br>・掲示物や学習用具の配置や量、色を工夫する。<br>・中間色等を落ち着く色を基調にすると良い。 | |
| 多動・多弁 | | ・具体的で簡潔に指示する。<br>・視覚的な手がかり（図、絵、実物等）を加えて分かりやすく説明・指示をする。<br>・全体への指示後に個別の指示を与える。<br>・できあがったら、どのような楽しいことがあるのかを示す。<br>・目標を設定し、努力を継続しやすい状態をつくる。 | | | ・子の行動のルールを決めておき、良い行動が見られたら、すぐにほめる。<br>・分からなくなったときは、今何をすべきか近くに行ってに注目したり、子どもにすることを教える。<br>・イライラしてきたら深呼吸をする、伸びをする等の気持ちを落ち着かせる方法を指導する。<br>・どれだけその子の集中力がもつのかを理解し、見計らって仕事を頼んだりする。<br>・離席しても影響がない後ろの子どもにあまり廊下や後方にする。<br>・席を離れても他の子どもの影響がないように廊下や後方にする。<br>・教室内の掲示物や授業に関係のない刺激を授業中はカーテンや間仕切りで隠す。<br>・子どもの興味関心に応じて一番刺激の少ない座席を選ぶ。<br>・座席は窓側を避ける。 | | ・家庭と連携して、学校・家庭の一日のスケジュールを組む。 |

第1章 家庭科授業で「気になる子ども」の行動特徴と支援方法

| | | | 理解を助けるために | | |
|---|---|---|---|---|---|
| 衝動性 | ・授業の始めに発言の機会を与える。<br>・視覚的に理解できるように、指示内容を書いたプリントを予め用意しておき、それにそって学習できるようにし、見通しをはっきりもたせる。<br>・各授業の流れをできるだけ一定にし、見通しをはっきりもたせる。<br>・授業をユニット化し、飽きさせない工夫をする。 | ・話をする順番が分かるように、番号札を示す。<br>・残り時間が視覚的に分かりやすい時計を活用する。<br>・机間指導し、丸つけなどで評価する。 | ・レッドカード・イエローカード、○マーク（等）を示す（特に人とのかかわりが苦手な子ども）。<br>・絵や写真を用いて掲示し、興味を喚起する。<br>・指示や指摘の際は、口頭に加え、その内容のカードやイラストを黒板に貼る。<br>・話し合いの仕方や流れを分かりやすく簡潔に示す。また、矢印（マグネット）等で、今何をしているのかが分かるようにする。<br>・ゆっくりと大きな字で板書する。<br>・白チョークを基調とし、色チョークの多用を避ける。<br>・話し合いの仕方や流れを分かりやすく簡潔に示す。 | ・視覚的に意識できる絵カードを用いて黙る、座る等の合図を示す。<br>・様子を見て、話の内容を短く、穏やかに話しかける（タイミングが大切）。<br>・次にすべきことの指示を出す。<br>・予定変更は早めに知らせる。<br>・パニックになったときは共感を示す言葉をかける。 | ・教室から出る場合は、気持ちが落ち着いたら教室に戻るように約束する。<br>・教室で学習できたらシールを貼る等、行動の評価を分かりやすく示す。<br>・短時間でも取り組んだことや着席したこと等を評価して意欲をもたせる。<br>・肯定的な言い方（「〜したほうがいいよ」等）をして、禁止は避ける。<br>・ほめて、達成感や成就感をもたせる。<br>・多動な子どもの場合、話題がそれてきたら、今の話題は何かを意識できるような声かけをする。 | ・教室でどの位置が一番落ち着いて授業を受けられるのか、本人に聞く。<br>・余分な情報を取り除き、必要な刺激・対象を目立たせる。 |

| | | | | | |
|---|---|---|---|---|---|
| | | | | ・何かやりたいことがあるときには手を挙げたり、カードを提示したりして助けを求めさせる。<br>・話し方の約束（話の絵カード）を決める。<br>・カード（行く場所、時間、行き先の先生のコメントが記入できる）を用いる。<br>・帰ってきたら「おかえり」と言う。<br>・「あと5人発表したらね」というように具体的に示し、時間的見通しをもたせる。<br>・発言のルールを全体で決め、それにそって発表させる。<br>・話しても良いときに話せたら、「こういうときに聞きたい」 | ・イライラした場合は、落ち着ける場所（授業の様子が見え、教師の話が見える友達の視線が気にならない場所）にイスを設置し落ち着かせる。 |

| 理解を助けるために | | |
|---|---|---|
| ・板書量を減らし、簡潔で分かりやすい言葉を用いる。<br>・板書とワークシートやノートの形式をそろえる。<br>・発問を文字化すると何を聞かれているかを理解しやすい。<br>・めあてで学習内容を分かりやすく簡潔に表現する。 | | |

| 子どもの行動特徴 | 支援の観点 | | | | | | |
|---|---|---|---|---|---|---|---|
| | 課題・授業構成 | 教材・教具 | 板書 | 指示・発問 | 子どもとのかかわり方 | 学習環境 | 保護者との連携 |
| | | | で板書する。<br>・絵や写真などの視覚教材を多く活用する。<br>・シンプルで構造的でわかりやすい板書にする。<br>話題の場を設けるために<br>・子どもが黒板に自分の意見を書く等、授業の板書を教師と子どもで作っていく。 | | な」という言葉がけをして行動を強化する。<br>・授業の終了時、よくできたこと、できなかったことを自分で評価させ、次の目標を立てさせる。<br>・興奮しているときはその場を離れさせる。<br>・してはいけないことの指導はその場で、冷静に、簡潔に行う。 | | |
| 興味や関心が狭い（こだわりが強い） | ・各授業の流れをできるだけ一定にし、見通しをもたせる。<br>・スモールステップでこだわりを少しずつなくすよう指導する。<br>・課題を解決する方法（例えば、資料、インタビュー、実験等）を選ばせる。 | ・活動の見通しをもつためのスケジュール表を用いる。<br>・絵カードを多用した指導を心がける。<br>・興味・関心のもてる教具を選ばせる。 | ・ネームカードを用いて意見の分類等を行うことで、友達の意見を把握し、かかわりのきっかけをつくることができるようにする。<br>・子どもに板書させたり、紙に書いたものを掲示させることで、意欲的に授業参加できる。 | ・簡潔な用語で具体的な指示をする。<br>・抽象的な質問を避け、具体的に質問する。<br>・文字カードや絵カードを用いながら、視覚的に見通しをもたせる。 | ・こだわりがある場合は、どのようなこだわりがいつ、どの程度あるのか観察しておく。<br>・場所変更、予定変更の場合は、予め伝えて説明しておく。<br>・無理に取り組ませると不安になるので、留意する。 | ・決められたものが、決められた場所にあるようにする。 | ・保護者とも連携し、周囲の対応の仕方を一定にする。 |
| 聞くことが苦手 | ・教師の説明を記述したプリントを見ながら学習させる。<br>・指示したことや説明したことを復唱する活動を取り入れる。 | ・視覚的な手がかり（文字、絵カードなど）を活用する。<br>・キーワードを板書する。<br>・興味のあるものを利用する。<br>・テープレコーダーなどの機器の使用を認める。 | ・話に関係する絵や写真を示したり、板書的に確認できるようにする。<br>・指示は、注意を促して短く、ゆっくり、はっきり伝える。<br>・指示代名詞はできるだけ使わない。<br>・キーワードを書いた紙を渡す。 | ・子どもに近づいたり、視線を合わせたりして話す。<br>・話し始める前や重要なポイントを話す前に、予め決めた合図をするなどして注意を喚起する。<br>・話す前に「今から話す」というサインを送る（名前を呼ぶ、目を合わせる、肩に手をかける、黒板をたたいて音を出す等）。 | ・座席の位置を前方にする。<br>・常に口の形をはっきり意識してはっきりと話す。 | |
| 話すことが苦手 | ・予め話すことが記入できき | | | ・「いつ」「だれが」「ど | ・じっくりと話を聞き、本人 | ・自信をもって話 | |

# 第1章 家庭科授業で「気になる子ども」の行動特徴と支援方法

|  | | | | |
|---|---|---|---|---|
| (話すことが苦手) | ・ペアで取り組めるようにする。 | ・「どうした」「どこで」というカードを提示し、それにあわせて話をするようにさせる。<br>・ワークシートを用意し、それをもとに発表させる。<br>・子どもが話しやすいように、実物や写真や絵等を用いて話せるようにする。 | ・が話そうとしていることを適切な言葉で言い換える。<br>・いくつかの選択肢を示したり、言葉を補ったりする。<br>・楽しそうな表情で子どもの話を聞く。<br>・発表の仕方（自分の意見を言って、その理由も言う等）を提示する。 | ・話すときのルールを作る（途中で口を挟まない、質問は話し終わってからする等）。 |
| 読むことが苦手 | | ・授業・作業の流れを絵カードで示す。<br>・下敷きなどに1行分の穴を開けた補助具（マスキング）を作成し、読むべき行を明確にする。<br>・教科書の字を大きくしたり、分かち書きにしたりして、読みやすくする。<br>・漢字にルビをふる。<br>・傍線を引いたり、丸で囲んで、まとまりを意識させる。 | ・教師と共に声を合わせて音読させる。<br>・定規をあてたり、指でなぞりながら読ませる。 | ・教師が読んだ後に同じところを読ませ、次第に長くする。 |
| 書くことが苦手 | | ・デジカメ、ノートパソコンの使用を認める。<br>・柔らかい芯の鉛筆や持ちやすくする補助具を使わせる。<br>・書き始めの位置が分かりやすいように色を変える。<br>・書きやすいワークシート（量、内容、枠の大きさ等）を作成する。<br>・マス目の大きいものや罫線のある用紙を用意する。<br>・書き入れる枠の縁取りを太くしたりする。 | ・「どこに」「何を」「どれだけ」書けば良いかを示す。 | ・ここまで書こうという目標を確認しながら学習を進める。<br>・ノートの横に見本を置いて視写できるようにする。<br>・書くことへの抵抗感を少なくするために、文例を示し、それをもとに書かせる。 | ・ノートの文字を保護者と子どもとで評価する。 |

表2 実習学習の支援方法

| 子どもの行動特徴 | 支援の観点 | | | | | |
|---|---|---|---|---|---|---|
| | 課題・授業構成 | 教材・教具 | 指示・発問 | 子どもとのかかわり方 | 学習環境 | 保護者との連携 |
| 理解しにくい | ・授業を小ユニットに分けて示す。<br>・作業工程を簡素化して示し、見通しをもたせる。<br>・今どこの作業を行うかが分かるように工夫する。 | ・視覚的に作業確認できる方法で手順を示す。<br>・視覚的にも理解できるように、写真、イラストなどで作業手順を示したワークシートを用意する。<br>・見本、実物、段階標本を提示する。 | ・一度に多くのことを指示しない。<br>・スモールステップで説明をする。 | ・向かい合って指導すると、左右を逆に理解することがあるので、教師は指導する子どもと同じ方向から指導する。<br>・達成できたら（みんなの前）ではめ、自己肯定感を高める。 | ・友達の支援を得やすいようグループ編成にする。<br>・教材・教具・器具の収納場所を写真で示し、すぐに分かるようにする。 | |
| 不注意 | ・作業工程を簡素化して全体的に短時間で終わるようにする。<br>・チェックリストにチェックしながら作業させる。<br>・作業工程にかかる時間は子どもの集中力に合わせる。 | ・視覚的に確認できる方法で手順を示す。<br>・VTR等を利用して事前に手順や必要な事項を学習させる。<br>・興味のあるものを利用する。<br>・重要な点は、色鉛筆やマーカーで分かりやすくする。<br>・一つの作業が終わるごとに、シールを貼らせる、丸をつけさせる、見ていて分かるような手がかりを活用する。<br>・ネーミング（例：○○名人、○○の達人）を工夫する。 | ・キーワードを板書しながら、短く簡潔に、1つずつの具体的な指示をする。<br>・イラストカード等を用いる。 | ・できないときや困ったときは、授業の援助を求めるようにさせる。<br>・授業開始の呼びかけを任せ、授業に入る意識をもたせる。 | ・掲示物や掛け図等を学習の目的にあわせたものに置き、不必要なものは置かない。<br>・物の置き場所を分かりやすく示す。<br>・教室内の掲示物や授業に関係のない刺激を授業中はカーテンや間仕切りで隠す。 | ・家庭に持ち物準備表を持たせ、保護者に準備に協力を得る。 |
| 多動・多弁 | ・最初に授業の流れを明確に示す。<br>・授業を小ユニットに分け、変化をもたせる。<br>・具体的な課題を設定し、シール等ですぐにフィードバックする。<br>・待つことや時間の流れにそって時間取りする経験を積み重ねさせる（調理実習）。 | | ・指示をなるべく具体的に簡潔にする。<br>・片付けの一連の流れを基本パターンで活動させる。 | ・集中が途切れたときは子どもをみる場所と決めておく。<br>・分からなくなったときは、今何をすべきかを分かっている子どもを注目させたり、尋ねたりすることを教える。<br>・授業中着席できていたらシールを貼る等、行動の評価を視覚的に示す。<br>・教室を出る場合は、気持ちが落ち着いたら教室に戻るように約束する。<br>・離席の目的、行き先等、自分がしようとしていることを言葉で表現したり、具体的な時間を自分で決める。 | ・子どもが気持ちを落ち着かせる場所を用意する。<br>・出入り口近くの実習台で作業できるようにすると、子どもは安心する。 | |

— 24 —

# 第1章 家庭科授業で「気になる子ども」の行動特徴と支援方法

|  | | | | | |
|---|---|---|---|---|---|
| 衝動性 | ・最初に授業の流れを明確に示す。<br>・授業全体を小ユニットに分ける。 | | ・興奮しているときはその場を離れさせる。<br>・してはいけないことの指導は、冷静に、簡潔に行う。<br>・手を挙げたり、カードを提示したりして助けを求めるようにさせる。<br>・授業の終了時、よくできたこと、できなかったことを自分で評価し、次の目標を立てできる。<br>・落ち着くまでは、興奮状態の発端になった内容には触れないようにする。 | ・子どもが気持ちを落ち着かせる場所を用意する。<br>・出入り口近くで作業できるようにすると、子どもは安心する。 | |
| 人とのかかわりが苦手 | ・グループ内で役割分担を行い、役割を明確にした後に活動を行う。 | ・活動の見通しがもてるように、活動する手順をプリントに書いて示す。 | ・指示はゆっくり丁寧に行う。 | ・分からないことがあったら手を挙げさせる。<br>・子どもが参加しやすいグループ編成をする。 | |
| 興味や関心が狭い（こだわりが強い） | ・興味・関心を選ばせる教材のもとで実習を行う（例えば、小物つくりであれば、デザインや布の柄等）。 | ・これから行う課題に見通しがもてるように、作業の手順を絵や図、写真にして示し、掲示しておく。 | ・簡潔に具体的な指示をする。<br>・無理に取り組ませると不安になるので、留意する。<br>・変更後の時間割を視覚的に確認できるように明示して説明する。 | ・できないと思ったら教師の支援を求めることを約束し、支援を決める方法や合図を決めておく。<br>・場所変更、予定変更の場合は、予め変更して説明をしておく。 | ・実習に必要な器具などを置く場所を決めておく。<br>・教材・教具・器具の収納場所を一定にして変更しない。<br>・教室が変わるときは、保護者と連携して子どもに伝えておく。<br>・保護者と連携し、周囲の対応の仕方を一定にする。 |
| 聞くことが苦手 | ・予め渡した教師の説明プリントを見ながら学習をさせる。 | ・目で見て理解しやすい教材を利用する。 | ・話に関係する絵や写真を示すなどして、視覚的に確認できるようにする。<br>・指示は、注意を促してから、短く、ゆっくり、はっきり伝える。<br>・説明は分かりやすい表現で行い、実際に理解しているかどうかを確認する。 | ・子どもに近づいたり、視線をあわせたりして話す。<br>・話し始める前に、予め決めた合図を示すなどして注意を喚起する。<br>・指示代名詞はできるだけ使わない。 | |
| 手先が不器用 | ・自分のペースで作業できるようにする。 | ・大きめで使いやすい道具や材料を選ぶ。<br>・作業で使用する器具を工夫する（計量器の目盛りに印をつける等）。<br>・菜箸の代わりにトングを使うなど、作業のしやすい調理器具を用意する。<br>・補助具を活用する。 | ・教師が同じ向きで実演して見せる。<br>・手をそえて一緒に行う。<br>・決められた使い方や持ち方を教えることにこだわらず、本人が動作しやすいやり方を許容する。 | ・緊張せずに作業ができるグループ編成とする。 | ・事前に家庭で実習させる。 |

# 第2章 「気になる子ども」の行動特徴と授業の実際（小学校・中学校）

## 本授業実践の使い方

　本授業実践は，「気になる子ども」の行動特徴別に小学校授業実践と中学校授業実践を示しています。なお，行動特徴別に支援方法を示していますが，多くの子どもは多様な行動特徴を併せもっていることがよく見られます。子どもの状況に応じた支援方法を用いて授業実践してみましょう。

### 授業実践一覧

| 行動特徴 | 小学校 | | 中学校 | |
| --- | --- | --- | --- | --- |
| | 理論学習 | 実習学習 | 理論学習 | 実習学習 |
| 理解しにくい子ども | 授業実践❶（p.28）食事ポイントポスターを作ろう | 授業実践❷（p.30）ナップザックを作ろう―わきを縫おう― | 授業実践❸（p.32）仕事について考えよう | 授業実践❹（p.34）オリジナルバッグを作ろう |
| 不注意な子ども | 授業実践❺（p.36）家族のコミュニケーション―ヒロアキの家族の会話― | 授業実践❻（p.38）ランチョンマットを作ろう | 授業実践❼（p.40）商品を購入しよう―どう買う？　私の自転車― | 授業実践❽（p.42）調理実習の見直しをしよう（シチュー） |
| 多動・衝動的な子ども | 授業実践❾（p.44）げんきものになろう | 授業実践❿（p.46）ご飯とみそ汁を作ろう | 授業実践⓫（p.48）安全で快適な住まいについて考えよう | 授業実践⓬（p.50）オリジナルバッグ製作について工夫し考えよう |
| 人とのかかわりが苦手な子ども | 授業実践⓭（p.52）栄養たっぷりランチの献立を決めよう | 授業実践⓮（p.54）栄養たっぷりランチを作ろう | 授業実践⓯（p.56）生鮮食品の見極めをしよう | 授業実践⓰（p.58）食品の計量をしよう |
| 興味・関心が狭い子ども | 授業実践⓱（p.60）おもちで勝負 | 授業実践⓲（p.62）ご飯とみそ汁の作り方を説明しよう | 授業実践⓳（p.64）これからの私と家族の関係―自分の部屋にテレビが欲しい― | 授業実践⓴（p.66）調理実習の計画を立てよう |
| 手先が不器用な子ども | | | | 授業実践㉑（p.68）バナナケーキを作ろう |

各授業実践は，左右見開きで1つの実践事例を示しています。

左頁は授業実践の題材名，本時のねらい，授業展開，板書を示しています。

この授業展開の左側は，通常学級での授業の流れの概要を，右側は，「気になる子ども」への支援方法を ⬅発語・かかわり ⬅教材，教具，板書 別に示しています。授業展開の下には，その授業の板書を掲載しています。

そして，右頁には，授業実践で用いた教材やワークシートなどの資料を掲載しています。また，吹き出しには，「気になる子ども」の支援方法のポイントを解説しています。

また，「特別支援教育の視点から一言」には，特別支援教育の専門家が本実践の特徴を解説しています。

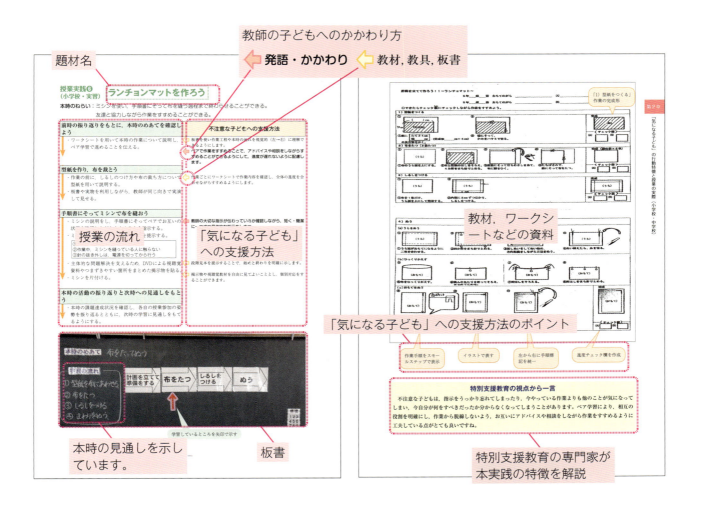

# 第1節 理解しにくい子どもへの支援

⇐ 発語・かかわり　⇐ 教材, 教具, 板書

### 授業実践❶（小学校・理論）　食事ポイントポスターを作ろう

**題材のねらい**：6つの基礎食品群を考えて，栄養的にバランスの良い食物選択行動ができる。

| 　 | 理解しにくい子どもへの支援方法 |
|---|---|
| **第1次　食品の種類を知ろう**<br>　　　　**〜栄養的なバランスを判断するため〜**<br>・なぜ食べるのかや，食品の3つの主な働きや分類を考えさせる。<br>・食事ポイントポスターを作らせる。<br>・「カードゲーム」（→p.45，p.53参照）で食品の分類を覚えさせ，気づいたことや間違ったことをお助けメモに記入してポスターに貼らせる。<br><br>・Aさん，Bさんの食事について栄養的なバランスを考えさせるとともに，3色の食品群による分類はさらに6つに分類できることを知らせる。 | お助けメモは「小魚はたんぱく質だと思っていたけど，ミネラルだった」のように，自分の間違いを踏まえて正しい答えを書く方法を示します。<br>＊ただし，「わかめは赤」のように，間違ったことだけのメモ書きでも良いことも伝えます。<br>お助けメモの記入の仕方が分からない子ども，誤記入の子どもがいないか確認し，全員が確実に記入できるように留意します。 |
| **第2次　6つの基礎食品群から食事を見つめ直そう**<br>・6つの基礎食品群と健康への影響を考えさせ，Aさん，Bさんの食事に対する改善方法を提案させる。各メニューから不足している群を補い，バランスの良い食物選択をさせ，食事選択の視点を整理させる。<br>・学習の振り返りや補足を行う。<br>・食事を選ぶポイントを「わたしの食事ポイント」カードに記入してポスターに貼らせる。 | お助けメモは書き方と貼る位置を具体的に説明します。位置に関しては分類図の中で間違った箇所の近くに分けて貼ると見やすくなることを説明します。<br>「不足していた食品は？」「いろいろな食品を揃えられたかな？」といった具体的に振り返られる言葉がけを行い，子どもが振り返る視点を示します。 |
| **第3次　授業で学んだ食物選択の視点を実生活に活かして1食分の献立を作ろう**<br>・実生活への活用をめざし，栄養的なバランスを考えたリクエスト給食の献立を考えさせる。 | 「わたしの食事ポイント」を見て，食事を選ぶ際のポイントを確認させます。 |

学習しているところを矢印で示す。

3色（赤・黄・緑）の食品群の紙をめくり，各食品群が不足したとき，とりすぎたときの症状が書かれたイラストシールを貼る。具体的に各食品群の食品と健康との関係が理解しやすい。

食品群の紙の真ん中だけポスターに糊づけさせ，両端がめくれるようにする。

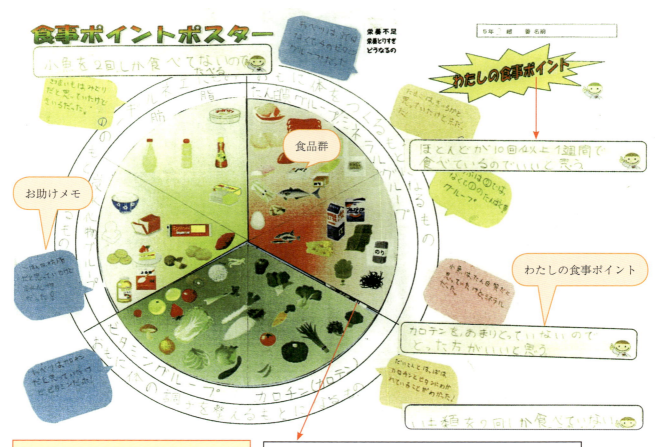

「栄養不足・とりすぎどうなるの」シール

食品分類紙をめくると，その下に「栄養不足・とりすぎどうなるの」シールを貼るようになっている

### 「食事ポイントポスター」の特徴

① 『お助けメモ』←既習の知識を想起するきっかけとなる。

（間違えやすいところは子どもによって異なる。そこで，吹き出し型の紙を子どもに渡しておき，授業中，「そうだったのか」「間違えた」などの気づきがあれば，随時，このポスターに子ども自身が自発的に貼っていく）

② 『わたしの食事ポイント』←子どもの分かる筋道が記録され，ポートフォリオとしての役割も果たす。

（食事チェック表で自分の食生活を振り返り，それを踏まえて，これからの自分の食生活で気をつけたいことを記入する）

③ ポスターは知識の確認，食事選択の動機づけ，学校と家庭の連携ツールとなる。

（家庭の冷蔵庫などに貼って，日常生活において見る機会を増やし，ポスターを通して子どもと保護者が栄養について話すきっかけとなる）

### 特別支援教育の視点から一言

理解しにくい子どもの場合，学んだことが実生活と繋がりにくく，応用されにくい傾向があります。この実践では，家庭と連携するツールとしてポスターを使用し，何度も振り返って学習を定着させようとしている点が良いですね。めくるとイラストが出てくる工夫も栄養と健康との繋がりを視覚的にイメージしやすいです。

また，子どもによって間違えやすいところが異なります。お助けメモを見ると，自分の間違えやすいところが思い出されるので，覚えやすくなりますね。

## 授業実践❷（小学校・実習） ナップザックを作ろう －わきを縫おう－

**本時のねらい**：ワークシートにそって，ミシンを用いてわき縫いができる。

| 本時の作業を確認しよう | 理解しにくい子どもへの支援方法 |
|---|---|
| ・板書で学習の流れを確認させる。 | ← 自分のペースで作業すれば良いことを伝えます。 |
| ・ワークシートにそって，チェックの仕方等を確認させる。 | |
| **①カラーテープをナップザックのわきに固定しよう** | |
| ・カラーテープを半分に折り，輪の部分をナップザックのわきに差し込ませる。 | ← 苦手な作業は個別に説明をして作業させます。 |
| ・カラーテープをまち針で固定させる（「布の上と下のしるしがあっているか確かめること」「まち針の針先が外を向くように留めること」を強調する）。 | ← うまくできたら「あと○本，ここに留めてみよう」と，本数と場所を具体的に示すような言葉がけをします。 |
| **②仮縫いをしよう** | |
| ・しるし（赤）の少し内側を仮縫いさせる。 | ← 「仮縫いだからちょっとくらい失敗しても大丈夫」と伝え，安心感をもたせます。 |
| ・仮縫いができたら，まち針を外させる。 | ← 「上から刺す」「下から刺す」を交互に行うことを強調します。 |
| **③反対側も同様の手順で①②を行おう** | |
| **④わきをミシン縫いしよう** | |
| ・しるし（緑）からナップザックの底となる部分までをミシンで縫わせる。 | ← 「針を刺す」「押さえを下ろす」「スタート！」と一つひとつ声かけをしながら作業をさせます。 |
| ・ミシン縫いができたら，仮縫いの糸を外させる。 | |
| ・反対側も同様の手順で①②を行わせる。 | |

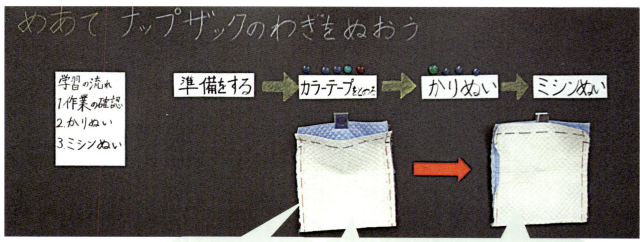

表と裏の色が異なる布にすると分かりやすい。

段階標本を掲示することで，どこをどのように縫うのかが分かりやすい。

ワークシート

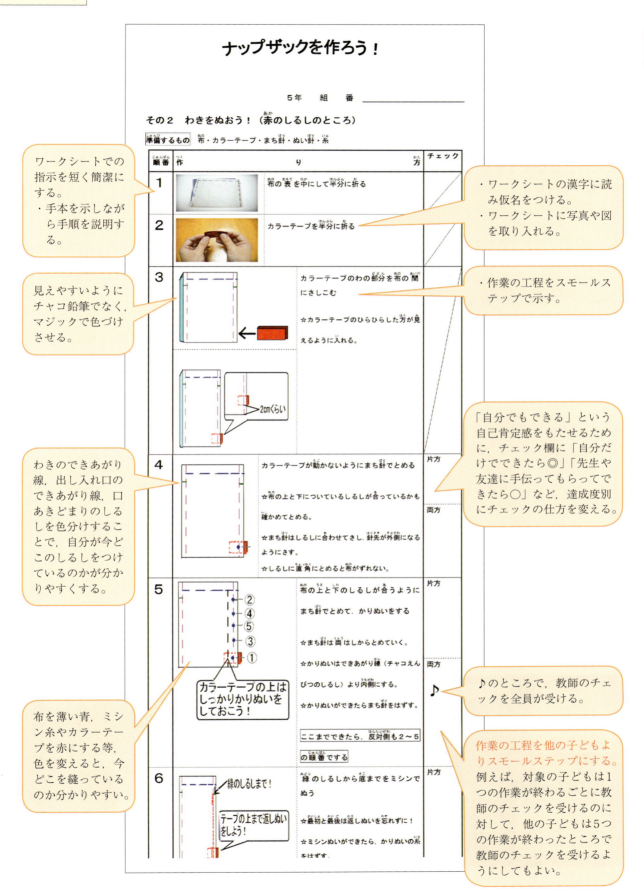

**授業実践❸**
**(中学校・理論)**　仕事について考えよう

**本時のねらい**：仕事にはいろいろな種類があることを知り，家庭科の学習がその準備となっていることに気づく。

| 本時のめあてを確認しよう | 理解しにくい子どもへの支援方法 |
|---|---|
| ・前時に示した絵とイメージ結果を見て，本時の活動への意欲と見通しをもたせる。 | モデル家族（太郎，父，母，祖父）の仕事についてイメージした結果を黒板横に掲示しておきます。予想は絵の下に直接書き込ませ，自分の意見が分かるようにすることで，参加意欲を高めます。 |
| **家族はどんな仕事をしているか考えよう** | |
| ・家族の仕事には，職業に関するもののほか，家事に関するもの，地域ボランティア等があることに気づかせる。 | 板書は，児童が記入するワークシートと同じ位置関係になるようにします。地域ボランティアの写真をテレビ画面に映して紹介します。 |
| ・町内会の役員や高齢者の生活支援をしている写真を見せ，ボランティア活動のイメージをもたせる。 | 仕事＝職業に限定せず，家族や地域のための仕事があることに気づかせるようにします。 |
| **家庭科で学習した「野菜の調理」が将来どんな仕事に役立つか考えよう** | |
| ・「これまでに家庭科で学習した内容で役に立つと思うこと」の調査結果から，もっとも多かった「野菜の調理」について考えさせる。 | 職業（コック），家族のための仕事，地域ボランティアそれぞれについて，写真をテレビ画面に映しながら紹介し，イメージを具体的に捉えられるようにします。 |
| ・家族の仕事と関連づけて考えさせる。 | 言葉での説明だけでなく，写真等の視覚教材を用いることで，イメージを膨らませ理解を促す。 |
| **コックになりレストランを開くために必要なことを考えよう** | |
| ・材料の仕入れ，料理，店内の整え方，客への配慮等の面から考えさせる。 | これまでの学習内容をカードにし，視覚的に捉えられるようにします。結びつきを考えながらカードを移動させて整理していき，家庭科学習の意味を考えさせます。 |
| ・ワークシートに記入しながら考えをまとめさせる。 | |
| ・これまで家庭科で学習したことが将来の仕事にいろいろな面で結びつくことに気づかせる。 | どんな店にしたいか，味，衛生，接客，経営等の視点から必要事項に気づかせます。 |
| **次の活動への意欲をもとう** | |
| ・次時は自分のあこがれの仕事について考えることを知らせ，今後の家庭科の学習に意欲をもたせる。 | |

板書はカードを用いて分かりやすく整理する

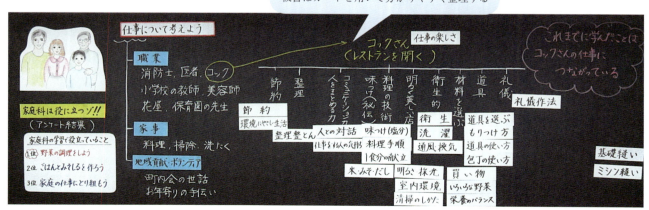

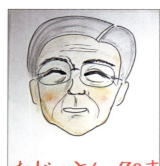

> 絵から得たイメージは，絵の下に直接書き込ませる。全員の意見が表示されることで，授業への参加意欲を高める。

ワークシート

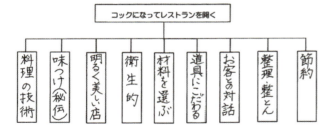

◎資料・写真
- 地域ボランティアの人々による高齢者への弁当作り，高齢者宅に電球のつけ替え
- だしを取っている料理家
- こだわり野菜の栽培農家

### ワンポイント
- モデル家族の絵は，職業イメージが誘導されないように，服装などに気をつける。
- 自分のお気に入りのレストランや食堂に行った経験等を思い起こさせ，リアリティを感じさせて発言を促す。
- 「野菜の調理」を追究していくとたどり着く仕事には，コック，野菜の栽培，調理器具の開発等がある。

### 特別支援教育の視点から一言

聞いて理解することが苦手な子どもには，写真や動画等，視覚情報を活用することが効果的な場合があります。この実践では，写真を提示して職業のイメージを膨らませ，学習への参加に繋げています。

## 授業実践❹ (中学校・実習) オリジナルバッグを作ろう

**本時のねらい**：縫い代の始末の仕方の特徴を生かし，安全に能率よくオリジナルバッグを製作する。

| 作業進度の確認をしよう | 理解しにくい子どもへの支援方法 |
|---|---|
| ・一枚ポートフォリオシートを活用し，前時の実習について確認し，作業進度を黒板に表示させる。 | 黒板にマグネットを活用して作業進度を示すよう指導します。製作中作業が進むごとに，自分でマグネットを移動させます。 |
| **本時のねらいを確認しよう** | |
| ・本時のねらいや学習の流れを示し，学習意欲や本時の活動への見通しをもたせる。 | 題材全体の学習活動を見通すことができるように一枚ポートフォリオシートを作成し，子どもに関心・意欲をもたせます。 |
| | 板書に「学習の流れ」を示し，本時の活動への見通しをもたせるようにします。 |
| **縫い代の始末の仕方について知ろう** | |
| ・まつり縫い，袋縫い，折り伏せ縫い，端ミシン，ピンキングばさみで切る等の縫い代の始末について，見本を見て特徴をつかませる。 | 縫い代の始末の仕方について，見本を示し，特徴に気づかせます。オリジナルバッグの縫い代の始末の仕方について考えさせます。 |
| | 縫い代の始末を決定した根拠を一枚ポートフォリオシートに記入させ，製作に意欲をもたせるようにします。 |
| **自分で立てた製作計画に従って製作しよう** | |
| ・安全に留意して製作するよう指導する。<br>・子どもが作成した製作計画に従って，製作をすすめさせる。 | 早く進んでいる子どもには，リーダーとなり，他の子どもに教えさせます。 |
| **本時を振り返り，まとめよう** | |
| ・本時の学習を振り返り，自己評価を通して，各自の変容に気づかせる。次時の確認をする。 | 一枚ポートフォリオに振り返りをさせるとともに，次時の目標を設定させます。 |

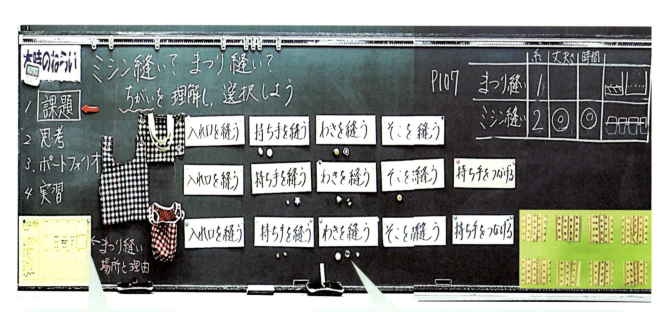

拡大プリントを掲示し，書き込む場所を矢印で提示する。

進度が分かるように，マグネットを移動させる。一人ひとりの進度が確認できるとともに，誰に聞けば良いかが一目瞭然となる。

## ワークシート（一枚ポートフォリオシート→第4章参照）

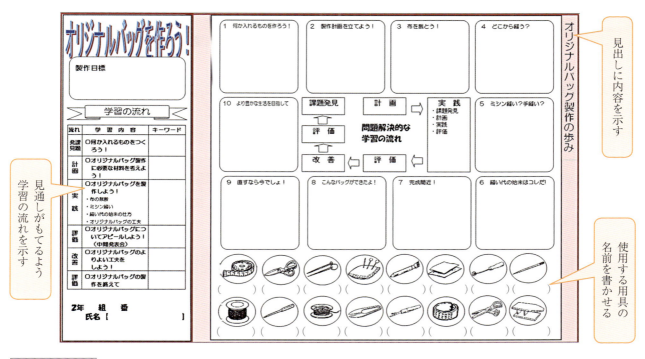

## 縫い代見本

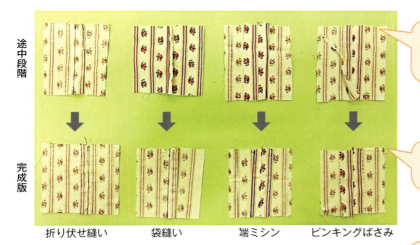

折り伏せ縫い　袋縫い　端ミシン　ピンキングばさみ

## 製作手順を示す縮小版見本（リバーシブルで使えるバッグ）

# 第2節 不注意な子どもへの支援

◀ 発語・かかわり　　◀ 教材, 教具, 板書

**授業実践❺（小学校・理論）**　家族のコミュニケーション ーヒロアキの家族の会話ー

**本時のねらい**：適切な対話は家族相互の理解を深めることが分かり、コミュニケーションの必要性に気づく。

| 授業の流れ | 不注意な子どもへの支援方法 |
|---|---|
| **第1時　教材文から課題を読み取ろう**<br>・教材文に続くヒロアキのセリフと行動を考えさせる。<br>・相手の話をよく聞くことや、言葉で表現することの大切さに気づかせる。 | 学習の流れを示して、授業の見通しをもてるようにします。 |
| **第2時　3人1組となって家族の会話を作り替えよう**<br>・次のことが明らかになるようにさせる。<br>　①参観日に行くかどうか<br>　②食器洗いは誰がするか<br>　③風呂掃除は誰がするか<br>　④ファミコンの片付けは誰がするか<br>　⑤野球選手は誰なのか<br>・それぞれ父、母、ヒロアキの役割を決め、対話の形式で発表させる。<br>・各グループの発表をもとに、家族の役割や会話の大切さについて話しあわせる。 | 「動いて参加する」機会を与え、役割分担して協力させる。<br>「相手の話をよく聞くこと＝自分の話をよく聞いてもらうこと」に気づかせます。<br>ポイントを板書します。<br>グループごとに席を向かい合わせにします。<br>一人一役割を担うようにします。<br>互いの役割を意識できるように、役割札を首からかけます。<br>自分なりの考えがもてたことを評価します。 |
| **第3時　ゲームでコミュニケーションスキルを磨こう**<br>・3人1組で、「コミュニケーションゲーム」「いいところ見つけゲーム」をさせる。<br>・課題を確認する（家族でも「いいところ見つけゲーム」を行わせる） | グループは途中で交代しますが、グループが作りやすいように、3人のうち1人は親しい友人と組ませるようにします。<br>友人の発言をモデルとして、模倣させる。参加しやすい状況をつくる。 |
| **第4時　作り替えた会話を発表しよう**<br>・家族と友達の違いを知り、家族の良さに気づかせる。 | |

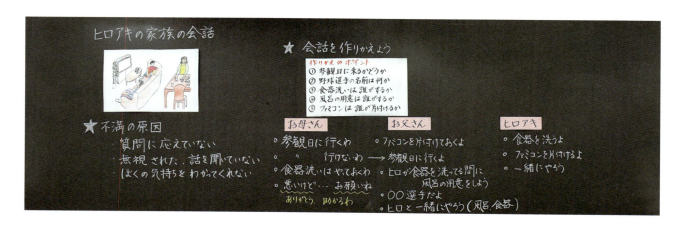

— 36 —

## 教材文（「ヒロアキの家族の会話」）

> 3人1組という少人数で役割を交代するので，集中して参加しやすい。

　ヒロアキは小学校5年生で，両親は共働きです。3人で夕食をすませた後，母親は片付けをし，父親とヒロアキはテレビで野球を見ています。

| |
|---|
| ヒロ：「お母さん，明日は午後から参観日なんだけれど，来てくれる？」 |
| 母　：「そうだったわね。明日は何日だったかしら。あっ，そういえば明日までにしなければいけない仕事があったんだわ。急いでしなくっちゃ。夕食の後片付けのつづき，ヒロアキとお父さんでお願いね」 |
| ヒロ：「えーっ。じゃあ，あと5分待って。今野球がいいところなんだ。あっ，お父さんの好きな選手が出てきたよ。この選手，なんていう名前なの？」 |
| 父　：「ヒロアキ，ファミコンを使ったのはおまえだろう。出しっぱなしになっているぞ。使ったらすぐにきちんと片付けなきゃ駄目じゃないか。何回言っても守れないなら，取り上げてしまうぞ。おい，お母さん，風呂の用意をしてくれないか」 |

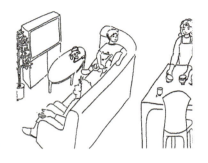

## 第1時のヒロアキの台詞と行動の例

> 役割を順に演じるので，ヒロアキ，父，母の気持ちが体験的・具体的に分かりやすい。

| 母に対して | 父に対して | 自分自身や状況に対して |
|---|---|---|
| ・仕事なんかやらなくてもいいじゃないか。<br>・計画を立てて仕事をしていないのが悪い。<br>・ぼくの気持ちを分かってくれない。<br>・ぼくの話を聞いていない。参観日に来るかどうか聞きたいのに。<br>・食器洗いは自分でやればいいのに。<br>・共働きで大変だなあ。 | ・ぼくの質問に答えていない。あの選手は誰なんだ。<br>・人の話を聞いていない。<br>・無視するのはひどい。<br>・自分でファミコンを片付けたらいいのに。<br>・ファミコンを取り上げるのはひどすぎる。<br>・共働きで大変だなあ。 | ・もっとテレビが見たいのに。<br>・食器洗いはめんどくさいなあ。<br>・明日は参観日だから勉強しなくては。<br>・手伝ってもいいけど，お小遣いが欲しい。 |

| ヒロアキの行動 |
|---|
| a. ファミコンの片付けをして食器洗いをする。<br>b. 部屋に戻り壁を蹴る。<br>c. 犬と遊ぶ。<br>d. 聞こえないふりをしてテレビを見続ける。<br>e. 部屋に戻り勉強する。<br>f. 食器洗いをした後，小遣いを請求する。<br>g. 参観日のことと野球選手のことをもう一度たずねる。 |

➡ g.の解答をめざす

> 授業展開やモデルの提示を子どもに委ねることによって，やり取りの機会をつくる。

## コミュニケーションゲームの例

### コミュニケーションゲームをしよう

3人1グループ（AとBの会話をCが判定する）

〈問の例〉
・夏休みの思い出で楽しかったことは何ですか。
・あなたの大切にしている宝物は何ですか。
・最近困ったことは何ですか。

〈手順〉

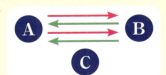

質問，復唱，応答を繰り返す

### いいところ見つけをしよう

〈学級で行う場合〉
　ペアを見つける ➡ 握手 ➡ 「私のいいところはどこですか」 ➡ 3つ答える ➡ 「ありがとう」といって握手 ➡ 次のペアを見つける

〈同じことを家族でも行うと…〉
家族は，具体的な行動を見ている（心に留めている），細やか，表面的な行動だけでなく性格やものの考え方を問題にしている ➡ 愛情に支えられているから

## 授業実践❻（小学校・実習） ランチョンマットを作ろう

**本時のねらい**：ミシンを使い，手順書にそって布を縫う過程まで終わらせることができる。
友達と協力しながら作業をすすめることができる。

| 前時の振り返りをもとに，本時のめあてを確認しよう | 不注意な子どもへの支援方法 |
|---|---|

- ワークシートを用いて本時の作業について説明し，ペア学習で進めることを伝える。

⇐ 板書を使い作業工程や本時の流れを視覚的（左→右）に理解できるようにします。

⇐ ペアで作業をすすめることで，アドバイスや相談をしながらすすめることができるようにして，進度が遅れないように配慮します。

### 型紙を作り，布を裁とう

- 作業の前に，しるしのつけ方や布の裁ち方について型紙を用いて説明する。
- 板書や実物を利用しながら，教師が同じ向きで実演して見せる。

⇐ 作業ごとにワークシートで作業内容を確認し，全体の進度を合わせながらすすめるようにします。

### 手順書にそってミシンで布を縫おう

- ミシンの説明をし，手順書にそってペアでお互いの状況を確認しながらすすめるよう指示する。
- ミシンを安全に使うための三箇条を提示する。
  ①よそ見をしない
  ②作業中，ミシンを縫っている人に触らない
  ③針の抜き外しは，電源を切ってから行う
- 主体的な問題解決を支えるため，DVDによる視聴覚資料やつまずきやすい箇所をまとめた掲示物を貼る。
- ミシンを片付ける。

⇐ 教師の大切な指示が伝わっているか確認しながら，短く・簡潔に一つずつ具体的な指示をします。

⇐ 段階見本を提示することで，始めと終わりを明確に示します。

⇐ 掲示物や視聴覚教材を自由に見てよいこととし，個別対応をすることができます。

### 本時の活動の振り返りと次時への見通しをもとう

- 本時の課題達成状況を確認し，各自の授業参加の姿勢を振り返るとともに，次時の学習に見通しをもてるようにする。

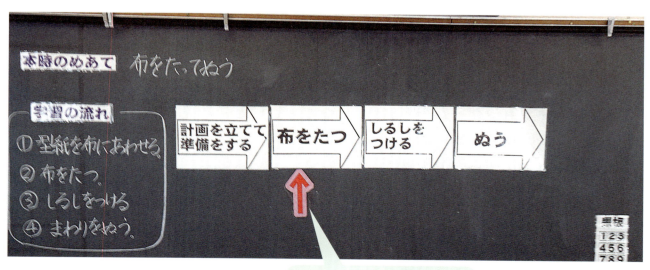

学習しているところを矢印で示す

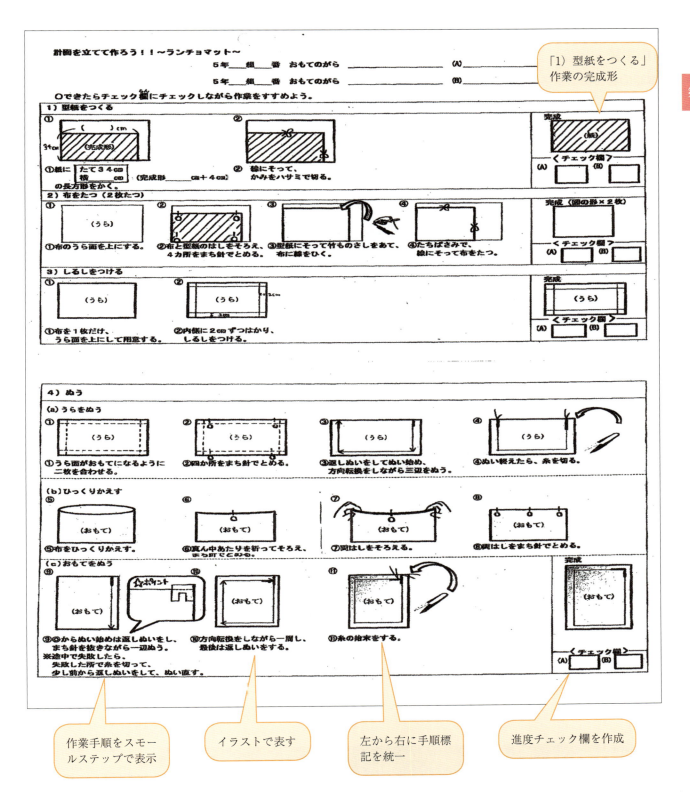

## 特別支援教育の視点から一言

　不注意な子どもは，指示をうっかり忘れてしまったり，今やっている作業よりも他のことが気になってしまい，今自分が何をすべきだったか分からなくなってしまうことがあります。ペア学習により，相互の役割を明確にし，作業から脱線しないよう，お互いにアドバイスや相談をしながら作業をすすめるように工夫している点がとても良いですね。

**授業実践❼**
**(中学校・理論)**

## 商品を購入しよう ―どう買う？ 私の自転車―

**本時のねらい**：中学生にかかわりの深い販売方法の特徴について理解し，収集・整理した情報を活用して物資・サービスの選択，購入および活用について考え，工夫する。

| 本時のねらいを確認しよう | 不注意な子どもへの支援方法 |
|---|---|

- 本時のねらいや学習の流れを示し，学習意欲や本時の活動への見通しをもたせる。
  ⇐ 題材全体の学習活動を見通すことができるように一枚ポートフォリオシートを作成し，生徒に関心・意欲をもたせます。
  ⇐ 板書に「学習の流れ」を示し，本時の活動への見通しをもたせるようにします。

### 自転車を買うためにどんな買い方があるか考える

- ワークシートを活用して，販売方法を理解させるとともに，その方法の利点と問題点を考えさせる。
  ⇐ 店舗販売の利点は無店舗販売の問題点に，店舗販売の問題点は無店舗販売の利点に対応していることから考えさせます。

### 支払方法や契約について知ろう

- 支払方法の例を挙げたり，使用するカード等を見せたりしながら，具体的に指導する。
- 契約で合意した内容には権利や義務が生じることを理解させる。
- クーリング・オフ制度について説明し，通信販売では適用されないことを知らせる。
  ⇐ 最終的に商品の購入に必要な情報を収集・活用できるように，ワークシートに記入させます。
  ⇐ **発問は短く，平易な言葉を使用する。また，具体物を提示して学習していることのイメージをもたせます。**

### 自分が購入したい自転車を購入するために適切な販売方法や支払方法を選択しよう

- 選択した販売方法や支払い方法をワークシートに記入させ，なぜその方法を選択したのか，理由も考えさせる。
  ⇐ 自分が選択した方法とその理由を関連づけて記入させるために，ワークシートを活用します。

### 意見交流しよう

- 他者の意見から，自分とは異なる考えがあることを認識させ，消費者としての自覚を高めることが必要であることを実感させる。
  ⇐ **消費に関する価値観の違いを互いに認めあえるように，まずは個人でしっかり考えさせた後，班で意見交流させます。個人思考の場面では，教師が生徒の意見を価値づけします。**

### 本時を振り返り，まとめよう

- 各自の変容に気づかせるとともに，次時での学習内容を確認する。

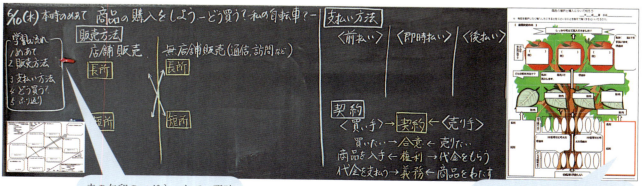

赤の矢印のマグネットで，現時点の学習内容を示す。

拡大ワークシートに赤枠でどこに何を書けばよいかを示す。

― 40 ―

## ワークシート

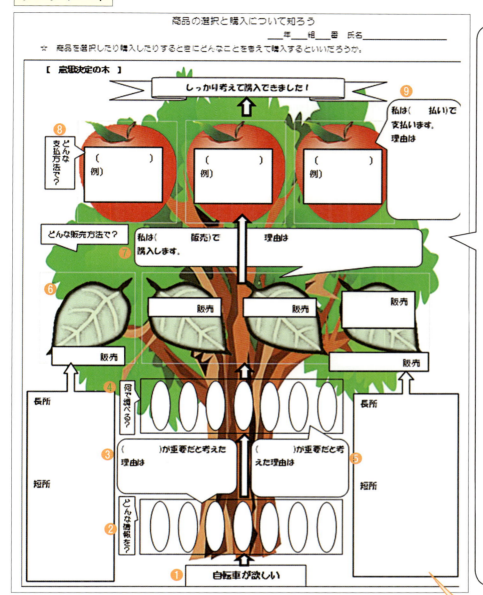

## 一枚ポートフォリオ（→第4章参照）

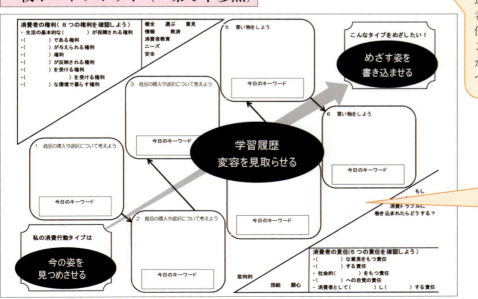

## 授業実践❽ (中学校・実習) 調理実習の見直しをしよう（シチュー）

**本時のねらい**：基礎的な日常食の調理について，調理に必要な手順や時間を考えて計画し，食品の調理上の性質を生かした調理を工夫する。

| 学習活動 | 不注意な子どもへの支援方法 |
|---|---|
| **前時の調理実習について自己評価しよう**<br>・前時の調理実習について評価をし，その評価をもとにグラフを記入させる。 | ←「味」「時間」「役割分担」「切り方」「安全」「衛生」「手順」「環境」等の視点を設定し，前時の調理実習について評価します。 |
| **本時のねらいを確認しよう**<br>・本時のねらいや学習の流れを示し，学習意欲や本時の活動への見通しをもたせる。 | ←題材全体の学習活動を見通すことができるように一枚ポートフォリオシートを作成し，子どもに関心・意欲をもたせます。<br>←板書に「学習の流れ」を示し，本時の活動への見通しをもたせるようにします。 |
| **調理実習の記録（写真）から，実習を振り返り，課題を発見しよう**<br>・調理実習時に2分ごとに写真撮影しておき，その写真を整理したワークシートを活用して分析させる。 | ←授業開始時に評価した視点で，調理実習の記録（写真）を分析させます。他の班や他の学年の実習記録と比較しながら，調理実習の課題発見に向けて具体的に考えさせます。<br>←付箋を活用して，短時間で多くの工夫点が見つけられるようにします。 |
| **調理実習の課題解決のポイントを発表し，調理実習計画を改善しよう**<br>・発見した課題についての解決ポイントをグループで交流させ，実習計画の改善をさせる。 | ←考えを伝えあう際には，話型を活用して発表させます。 |
| **リベンジ調理実習に向け，班ごとに1品加えよう**<br>・班ごとに新たに1品加えるオリジナルの野菜について考えさせる。実習計画についても再度改善させる。 | ←新たに加えるオリジナル野菜については，「どんな食品を」，「なぜその食品を」「どんな切り方で」「どのタイミングでシチューに加えるか」等についても話しあわせ，計画書に記入させます。 |
| **次時のリベンジ調理実習に向けて目標を設定しよう**<br>・本時の学習を振り返り，自己評価をさせる。 | |
| **本時を振り返り，まとめよう**<br>・各自の変容に気づかせると共に，次時では，リベンジ調理実習を行うことを確認させる。 | ←板書のキーワード等を活用しながら，自分にあう目標を設定させます。 |

記入させる付箋と同じ色で提示する。

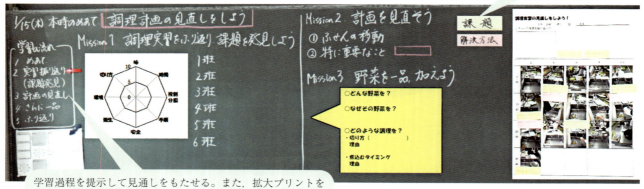

学習過程を提示して見通しをもたせる。また，拡大プリントを提示して，学習しているところや記入する箇所を確認させる。

実習前に調理実習計画表を作成（p.67 参照）

**○（実習前に作成）**
- 自分の担当する手順を付箋に書き出し，タイムスケジュールに従って，ワークシートに貼る。確認しやすくするため，班員は異なる色の付箋に記入。
- 班全体の動きを見ながら，調整する。
- 手の空いている人がなるべくいないように工夫。

**調理実習記録ワークシート**
- 調理実習の記録から，課題を発見し，黄色い付箋に記入する。
- 課題を解決する方法を班で協議し，ピンクの付箋に記入する。

**シチューの調理実習計画表**

役割分担をして，責任をもたせ，実習への参加を促す。

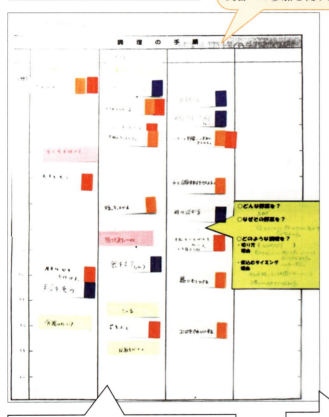

**○ 調理実習計画表（実習後）**
- 実習の反省を生かし，手順を検討する（付箋の位置の移動。特に重要な事柄については，ピンクの付箋に記入する）。
- リベンジ調理実習に向けて，食品（野菜）を1品追加するための手順を考える。

**新しく加える食材について考えさせる**
- ○どんな野菜を？
- ○なぜその野菜を？
- ○どのような調理を？
  - 切り方とその理由
  - 煮込むタイミングとその理由

## 特別支援教育の視点から一言

写真で実習場面を客観的に振り返ることにより，視覚化して問題点を発見しやすくしています。不注意な子どもも，次の実習ではどこをどのように修正すれば良いか具体的に考えることができやすくなります。

# 第3節 多動・衝動的な子どもへの支援

⬅ 発語・かかわり　⬅ 教材，教具，板書

**授業実践❾（小学校・理論）** **げんきものになろう**

**題材のねらい**：栄養のバランスが良い1食分を自分で選択できる。

| 〈第1次〉（1時間）〜歌で食材の色を覚えよう〜 | 多動・衝動的な子どもへの支援方法 |

・「げんきもののうた」（p.45）で食材と3色の食品群の関係を覚えさせる。
・「のびたくんのいえ」（p.45）を見て食材が赤，黄，緑の3色に分類されることを理解させる。

⬅「げんきもののうた」の内容を定着させるため，何回か歌わせます。
　・子どもの障害の程度に応じて，ゆっくり歌うなど配慮を行います。
　・歌と食材を結びつけて考えられるよう，歌にあわせて食材の写真を指し示します。

⬅ 赤，黄，緑の3色が揃うことが必要であることを視覚的に理解させます。

〈第2次〉（2時間）〜ゲームで食材の色を覚えよう〜

・「げんきもののうた」を想起しながら「げんきものカード」で食材の色を覚えさせる。
・間違ったときには「これは何色だったね」と声をかけ，色を覚えやすいようにする。

⬅ 見た目の色と食品の色が違う物にも気づかせます。

⬅ 家や休み時間にゲームをやってみるよう促します。

〈第3次〉（1時間）〜料理の色を覚えよう〜

・料理の写真を見て，その料理がどの食材からできているか，「げんきものカード」の中から探させる。

⬅ 料理の写真から使用されている食材を考えさせます。

〈第4次〉（2時間）劇でのびたくんの食事のバランスを考えよう

・のびたくんの食事から，赤，黄，緑の食品群を組みあわせた献立について寸劇で説明する。
・のび太くんの食事を黒板に3種類貼る。
　1．赤がない食事（ご飯・かぼちゃ）
　2．緑がない食事（ご飯・魚の塩焼き）
　3．黄色がない食事（ハンバーグ・ポテトサラダ）

⬅ のびた，ドラえもんのキャラクターをエプロンシアターで登場させ，寸劇を行う。劇を見ながら，どうしてのび太くんはジャイアンにケンカで勝てないのか考えさせます。

〈第5次〉（1時間）自分の食事のバランスを考えよう

・どうしたら3つの色が入った食事が選べるのか考える。
・「こんだてのうた」（p.45）を歌わせる。
・「げんきもののうた」に出てくる食材9品の中から3品を選んで，栄養バランスの良い献立の作り方を考えさせる。

⬅ 食材の色を忘れていたり，うまく3色を揃えられない子どもには，それぞれのつまずきに応じて歌を思い出させたり，積み木などの具体物を使わせたりして，支援します。

— 44 —

## 基本的な食品と3色の食品群を3つの方法で覚える

> 子どもによって、得意な覚え方が異なります

子どもには得意な覚え方（例えば、歌、ゲーム、劇）があります。

### ①歌で覚える（ドラえもんの歌の替え歌）

子ども達の嗜好および日常的に摂取頻度が高い身近な食品であり、見ただけで何であるか分かりやすい食材を歌詞に入れます。歌が好きな子どもは、踊りも考えて歌っていました。

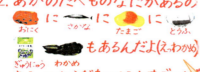

（えっ○○○）は、間違えやすい食品を入れると、強調されて覚えやすいです。

（こんだてのうた）

（だんごさんきょうだいのうたにあわせてうたおう！）

　　はじめに　ひとつ　えらぼう
　　　　　　　　　　（えらぼう）
　　なにいろ　とったか　みよう
　　　　　　　　　　（みよう）
　　あか　き　みどり　をそろえたら
　　これでわたしもげんきもの

赤・黄・緑の食品の揃え方を替え歌にしています。
子どもに替え歌を作らせてもいいですね。

### ②カードゲームで覚える「げんきものカード」

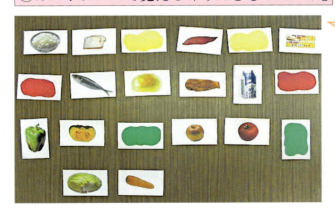

カードの表には食材、裏にはその食材の色の色画用紙が貼ってあり、裏返すことですぐにその食材が何色であるかが分かるように作っています。2名以上でゲームを行い、順次2枚のカードを引いていき、裏のカードの色が同じであったら、そのカードを獲得できるというゲームです。
子ども達は、カードを使ったゲームを自由に考えて遊びます。
子ども達は友達に勝ちたいので、休憩時間に必死に覚えていました。

### ③文脈の中で覚える（エプロンシアター）

エプロンにドラえもん、のびたくん、しずかちゃんを縫いつけたもので、このエプロンをつけてそれぞれの役になり寸劇を行います。
三角の積み木で作った家は、赤、黄、緑のどの色がなくても家が壊れる。体も一緒であるという劇の内容から、食品と食品群との関係を理解して覚えます。

## 授業実践❿（小学校・実習） ご飯とみそ汁を作ろう

**本時のねらい**：お米の炊き方とみそ汁の調理法を理解することができる。

| 前時の振り返りとして調理過程を確認しよう | 多動・衝動的な子どもへの支援方法 |
|---|---|
| ・ワークシートを配付し，同じ物の拡大版を黒板に貼る。 | 調理過程を手元のワークシートと板書を見せながら確認することで見通しをもたせます。 |
| ・全体で調理過程を確認する。 | 写真や絵を使いポイントを押さえた説明をすることで，活動への参加意欲を高めます。 |

**調理実習の準備をしよう**
- 約束事を確認し，身じたくをさせる。
  - ・包丁の使い方
  - ・コンロの周りに物を置かない
  - ・班全員で協力する
- 予め分けておいた材料を配る。

→ 約束事は黒板に貼っておき，いつでも見ることができるようにします。

→ 身じたくができているか，ペアで確認しあうよう促します。

**調理実習をしよう**
- ペアで確認しながら実習させる。
- 各班を回りながら安全な調理実習ができるように指導する。
- ワークシートやその拡大版を見ながら自分たちの力で実習を行わせる。
- 集中力が途切れないよう，途中で休憩をとる。

→ ペアという少人数で実習をすることによって，参加意欲を高めます。

→ ワークシートやその拡大版を各班の前にワイヤーでつるし，手順を分かりやすくします。

→ みそ汁の具を切る作業は休憩までに終わらせ，休憩前に包丁を回収します。

**片付けよう**
- 班全員で協力して片付けるように呼びかける。

**本時の学習を振り返ろう**
- 振り返りシートに自分と班員の良かったことや頑張ったことを記入し，発表させる。

→ 班全員の良かったことを交流することで，自己肯定感や次時の意欲を高めます。

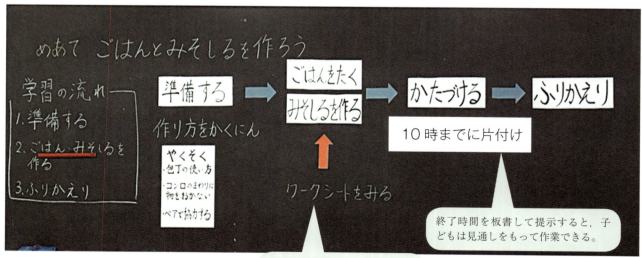

現在の作業内容を確認できるように矢印で示す。

終了時間を板書して提示すると，子どもは見通しをもって作業できる。

# ワークシート

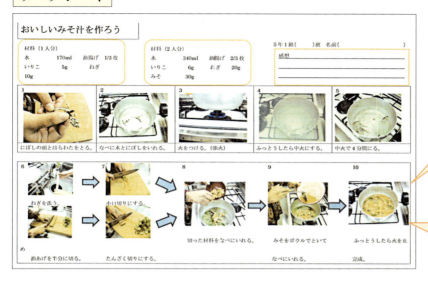

実際の調理場面での写真を多く使用すると，できあがりのイメージをもたせることができる。

調理過程が一目で分かる。今，どの過程を調理しているかについて，付箋を使用して確認させても良い。

全手順を記載したワークシートを示すことで刺激が強くパニックになる子どもには，手順を1ステップ1枚としたカードを作成し，1ステップごとにめくれるようにすると良い。

言葉での評価が難しい生徒には，❀や◎△等の記号を選択させる。

線やマスを描いて，書く分量が分かるようにする。

思いつかない場合は，調理手順の写真を見せて番号を記入させる。

教室の前後または左右の調理台横に，ワイヤーを張って，それにワークシートの拡大版をクリップで留める。子どもは調理台横のワーシートを見ながら作業する。

（イラスト：中村春日）

## 授業実践⓫（中学校・理論） 安全で快適な住まいについて考えよう

**本時のねらい**：家族の安全を考えた室内環境の整え方を知り，快適な住まい方を工夫できる。

| 本時のねらいを確認しよう | 多動・衝動的な子どもへの支援方法 |
|---|---|

- 本時のねらいや学習の流れを示し，学習意欲や本時の活動への見通しをもたせる。

⇐ 題材全体の学習活動を見通すことができるように，一枚ポートフォリオシートを作成し，子どもに関心・意欲をもたせます。板書に「学習の流れ」を示し，本時の活動への見通しをもたせるようにします。

**安全で快適な住まいにするために，調査したことを発表しよう**

- 発表に必要なプレゼングッズや配付用学習プリント，シナリオ等を確認する。

⇐ 発表内容について，調査グループで確認させます。

**調査した内容を班員に発表するために，その手順や記録のとり方を知ろう**

- 発表の手順について確認させる。
- 発表の順番を確認させる。
- 記録のとり方について説明し，確認させる。

⇐ 発表の難しい子どもには，話型を示すなどして参加を促進させます。

⇐ 黒板に流れを具体的に書いたり，一枚ポートフォリオシートを示したりしながら，具体的に記録のとり方を説明します。

**ジグソー学習法による学習方法を活用し，調査した内容を班員に発表しよう**

- 調査したことを班員に発表させる。
- 発表を聞きながらメモをとり，「記録」タイムでは分かったことをまとめさせたり，発表に対する評価をさせたりする。

⇐ 発表する際にはシナリオを活用し，配付用学習プリントやプレゼングッズを使って発表させます。

**安全で快適な生活をするための工夫について考えよう**

- 発表を参考に，自分の住まいを見つめ，工夫点を考えさせる。

⇐ 自分の住まいについて見つめ，課題を発見させるとともに，発表内容を参考に安全で快適な住まいにしていくための工夫点を考え，班で意見交流させます。

**本時を振り返り，まとめよう**

- 各自の変容に気づかせるとともに，次時では，発見した課題を解決する方法を考えることを確認する。

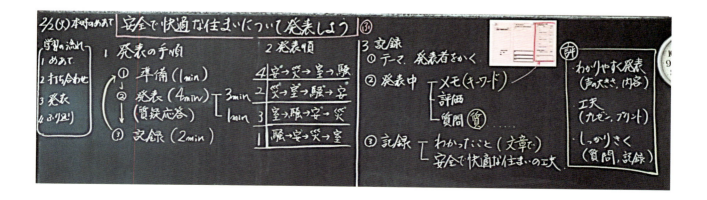

## 一枚ポートフォリオシート（→第4章参照）

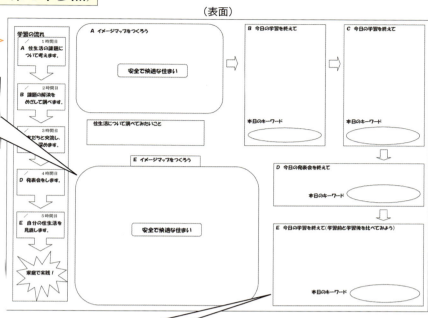

（表面）

- 見通しをもって取り組むことができるように，学習の流れを示す。
- 学習前，学習後にイメージマップを作成させ，自分の学びを実感させる。
- 学習前に比べて学習後のイメージマップの広がりを実感することを通して，学習への意欲を喚起する。
- ジグソー学習法（→第4章参照）を活用してグループを作成し，調査活動を行う。
  - 学習内容や学習方法について振り返る。
  - 特に重要と考えたり，印象に残ったりしたキーワードを記録させる。
- 責任をもって調査したり積極的にまとめたりする等，学習に意欲的に取り組む姿勢をもたせるためにジグソー学習法を取り入れる。
- 住生活においての自らの課題を発見しやすくするために，班のメンバーの発表を聞きながらメモをとらせたり，分かったこと等を記入させたりするとともに，自分にもできそうな工夫点や改善方法を考えさせる。

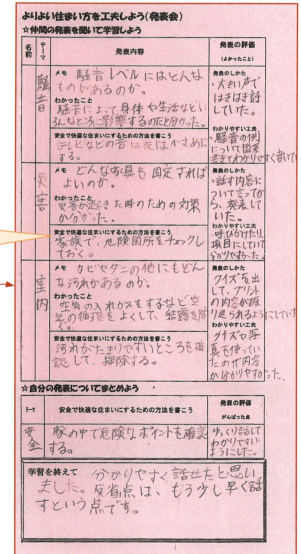

（裏面）

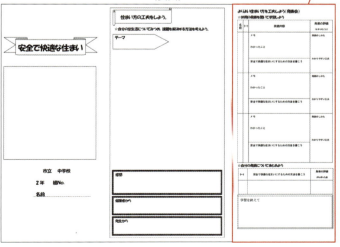

第2章　「気になる子ども」の行動特徴と授業の実際（小学校・中学校）

## 授業実践⑫（中学校・実習） オリジナルバッグ製作について工夫し考えよう

**本時のねらい**：自分と家族の生活がより豊かになるような，世界に1つのオリジナルバッグ製作について工夫し，考える。

| 生活をより豊かにしていくようなバッグについてさまざまなアイデアの工夫について考えよう | 多動・衝動的な子どもへの支援方法 |
|---|---|
| ・教師の持参したバッグについてアイデアを出させる。 | 実物を示しながら，アイデアを出させることによって，工夫することに対する興味をもたせるようにします。 |

**本時のねらいを確認しよう**
- これから製作していくバッグの目標を示し，製作への意欲と，本時の見通しをもたせる。

→ 題材全体の学習活動を見通すことができるように一枚のポートフォリオシートを作成し，生徒に関心・意欲をもたせます。

→ 板書に「学習の流れ」を示し，本時の活動への見通しをもたせます。

**どのようなバッグを作りたいのか考えよう**
- 自分なりの工夫のあるバッグの製作に向けて，具体的に考えさせる。

→ 「なぜこのバッグを作ろうと考えたか」，「誰が使うのか」，「何に使うのか」，「バッグの良さは何か」などの視点を示し，子どもに具体的に考えさせます。

**さまざまなバッグを観察し，その工夫点について意見交流しよう**
- さまざまなバッグから工夫点を見つけ，工夫点を付箋に記入させる。
- バッグを手に取ってみたり，教科書や牛乳パック等をバッグの中に詰めたりしながら，工夫点を見つけさせる。

→ 付箋を活用して，短時間で多くの工夫点が見つけられるようにします。

→ バッグを手に取ってみたり，教科書や牛乳パックなどをバッグの中に詰めたりしながら，工夫点を見つけられるようにします。

→ グループでまとめたワークシートは，掲示して参考にできるようにします。

**オリジナルバッグの改善について考え，交流しよう**
- 工夫点を取り入れたバッグについて，グループで意見交流させる。

→ 考えを伝え合うときには，話型を利用して発表させます。

**自己評価し，授業を振り返ろう**
- 本時の学習を振り返り，自己評価させる。

→ 学習前と学習後の思いを比較し，次時以降の製作への展望をもって振り返りを書くようにさせます。

**次時への見通しをもとう**
- 次時では，より具体的な製作計画を考案していくことを確認させる。

班ごとの進度がカードで分かるように提示している。

板書はいつも同じ形式に統一する。学習過程を提示することで見通しをもたせる。

## 一枚ポートフォリオシート（→第4章参照）

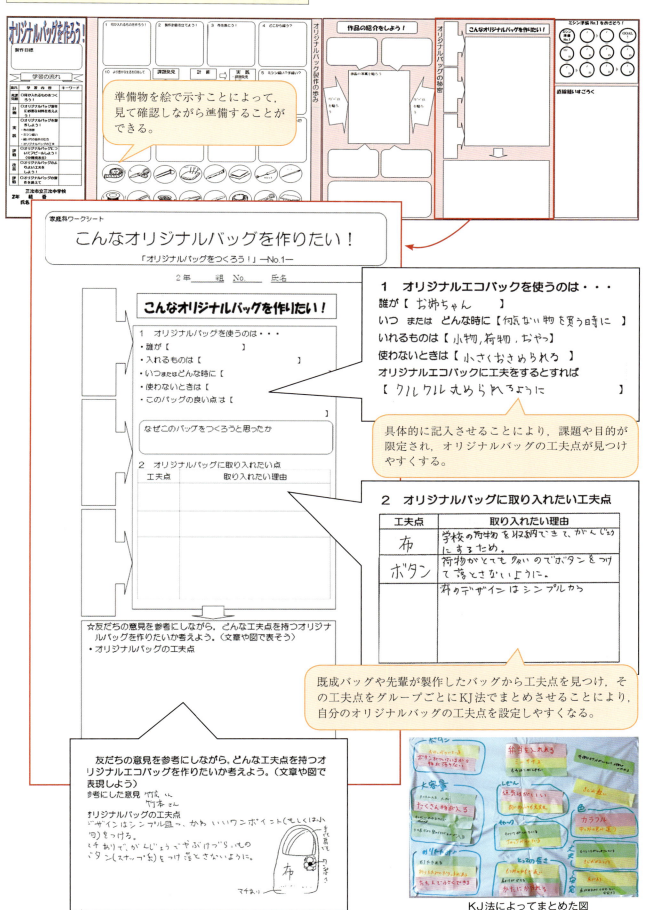

KJ法によってまとめた図

# 第4節 人とのかかわりが苦手な子どもへの支援

← 発語・かかわり　← 教材，教具，板書

**授業実践⑬（小学校・理論）** 栄養たっぷりランチの献立を決めよう

**本時のねらい**：栄養バランスを考えながら1食分の献立を考えることができる。
調理の流れを理解することができる。

| 本時のめあてを確認しよう | 人とのかかわりが苦手な子どもへの支援方法 |
|---|---|

- 本時の流れを示したものを提示し，本時の活動に見通しをもたせる。　← 本時の流れを箇条書きにしたものを示し，視覚的に理解できるようにします。
項目1から順に提示することで興味をもたせるようにします。

**3つの食品群について復習しよう**
- 食品カードを用いて，口頭形式の食品群クイズをする。　← 赤・黄・緑の札を配って手を挙げさせる等，子どもが「できそうだ」と思えるようなルールを全体で取り入れます。

**2人（または3人組）で，バイキング形式で料理を3品選ぼう**
- 料理を選ぶ際に気をつけることを発表させます。　← 班で献立を決めるのではなく，班を2つに分けて，上手く意見を聞き出したり気を配れたりする子どもとペアを組ませます。
- 前時で試作調理した4品の料理の写真を提示し，その中から1品は選ぶようにさせる。
- 料理カードの表には料理の写真，裏には何群の栄養素が含まれているか色シールで示しておく。
- ペア献立のアピールポイントをワークシートに書かせる。　← ワークシートには，6群それぞれに点線の○を4個ずつ用意し，カードの裏を見て，含まれている栄養素の群を塗ることで，バランスがとれているかどうかを視覚的に判断できるようにします。
- ワークシートにはアピールポイントの例を載せておき，アピールの仕方の見本を見せておく。

**班内でどの料理を作るか決めよう**
- アピールポイントを用いて，どちらの献立を班で作るか，班内のペア同士で話しあわせる。　← 自分が作る料理のカードを示して，発表することで活躍の場をつくります。

**調理計画を立てよう**
- 選んだ料理のレシピカードを取り，レシピ並べ替えゲームを行うことで作り方の手順を理解するようにする。その後，正解を示したレシピカードを取り，確認させる。　← レシピカードは，スモールステップに分けて写真と短い文で調理手順を示しておきます。
← ペアの児童と2人で作る料理については，相談しながら考えさせ，役割分担をレシピカードの空欄に書かせます。

**次時への見通しをもとう**
- 次時の学習内容の予告をする。

板書を整理して分かりやすくする。

## 食品カード（カード裏はトランプのように同一柄になっている）

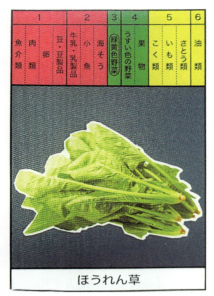

### 料理カード

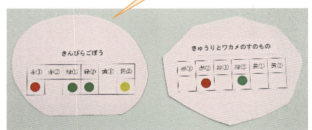

裏を見れば，栄養区分とバランスが色つきシールで示してあり，視覚的に確認できる！

### ワークシート

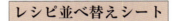

### レシピ並べ替えシート

手順の並べ替えは，ゲーム感覚で取り組みやすい。

手順カードはp.63と同じように貼ってはがせるようになっている。

色を塗らせることで，視覚的に栄養のバランスを確認することができる。

コミュニケーションが苦手な生徒も，選択する項目を提示することで思いを伝えることができる。

## 授業実践⓮（小学校・実習） 栄養たっぷりランチを作ろう

**本時のねらい**：調理の流れを理解して，調理実習をすることができる。

| 本時のめあてを確認しよう | 人とのかかわりが苦手な子どもへの支援方法 |
|---|---|
| ・本時の流れを示したものを提示し，本時の活動に見通しをもたせる。 | ← 本時の流れを箇条書きにしたものを示し，視覚的に理解できるようにします。<br>← できないときや困ったときは，援助を求めるよう予め声をかけておきます。 |

↓

**実習の準備をしよう**
- エプロン・マスク・三角巾を身につけ，手洗いをすることを伝える。

↓

**役割分担・調理手順の確認をしよう**
- 座席番号で，こんろ・流し・かご・調理器具の責任者を指定します。その際，「ガス栓を開ける」，「流しのふたを開ける」，「班のかごを取りに行く」，「まな板を取りに行く」等，仕事の内容について具体的に伝える。
- ２つのこんろで３つの料理を作るため，班ごとに調理手順を工夫することを伝える。

← 前時にペアを組んだ子どもと２人で担当するようにします（またはペアの子どもに声をかけ１人で担当するようにします）。

← 各班の献立名と最初にやるべきこと・調理上の注意点を板書しておきます。作業の役割分担をし，一人ひとりに役割を与えます。

↓

**調理を始めよう**
- 「安全」「衛生」「協力」に留意しながら，50分以内に仕上げるよう伝えておく。

← ラミネートしたレシピカードを用意して各班に配っておきます。すぐに調理に取り組めるように，料理ごとに材料をまとめて配っておきます。

← ペアの子どもと２人で，相談しながら１つの料理を作るようにします。

↓

**試食をしよう**
- ３つの料理ができあがったら各自の皿に３品を盛りつけ，写真を撮るようにする。
- 試食の前に，まな板と包丁は洗って片付けるようにする。
- 班ごとに「いただきます」をし，食べ終わったところは振り返りカードを書くように伝える。

↓

**片付けをしよう**
- 食器を洗ってから，分担・協力して手早く片付けるようにする。

← 片付けのポイントを黒板に示しておきます。

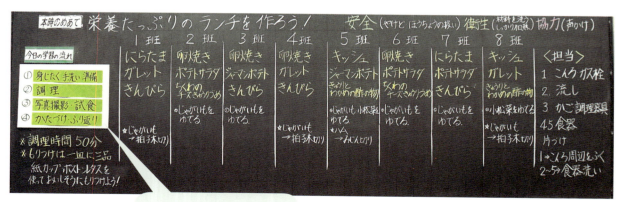

板書のパターンを統一する。

掲示物

適時，絵カードを黒板に貼って，学習行動を示す。

> 黒板に作業終了時間を板書しておく。
> →計画を立てて作業がすすむ。
> 例えば，「何時何分までに片付け」

> カード裏には，マグネットを貼る。

ワークシート

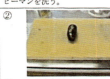

> コミュニケーションが苦手な子どもに，一人でも作業できるように写真つきのレシピ（または，めくりカード）を提示する。

> ラミネートフィルムをかけているので，ぬれても大丈夫。

## 特別支援教育の視点から一言

　人とのかかわりが苦手な子どもは，グループで作業するよりも一人で作業をすることを好む傾向があります。一人でできる学習活動を仕組むことで，落ち着いて学習に参加できる時間を増やすことができます。
　また，学習の流れを統一したり，板書を整理したり，学習の決まりを絵カードで提示する等，学習上のルールを明確にしておくことも必要です。

**授業実践⑮（中学校・理論）　生鮮食品の見極めをしよう**

**本時のねらい**：食品の良否の見分け方を根拠に，生鮮食品を選択するために必要な情報を収集・整理しよう！

| 本時のねらいを確認しよう | 人とのかかわりが苦手な子どもへの支援方法 |
|---|---|
| ・生鮮食品購入経験についてのアンケート結果を知らせ，学習課題への意欲をもたせる。 | 子どもの実態に基づいて授業をスタートさせることにより，関心・意欲をもたせ，自分のこととして考えさせるようにします。 |
| ・本時のねらいや学習の流れを示し，学習意欲や本時の活動への見通しをもたせる。 | 板書に「学習の流れ」を示し，本時の活動への見通しをもたせるようにします。 |

### 生鮮食品を比較し，どちらの食品がより良い食品か考えよう

- 各2種類の野菜，魚，肉を観察させる。 ← 実際に食品を観察させることを通して，関心・意欲を高めます。
- 比較しながら，ワークシートに情報を収集し，整理させる。 ← 新鮮な食品と1日経過した食品を観察する準備をし，比較させ，情報を収集させます。比較するポイントは，前時に学習したノートの内容を参考にさせます。
- 整理した情報をグループで意見交流し，根拠を明確にして良否を判断させる。

### 生鮮食品の良否とその根拠を発表しよう

- 野菜，魚，肉の選び方について発表させる。 ← 考えを伝えあう際には，話型を活用して発表させます。

### もし牛肉を買うとしたら，どの肉がいいか，食品を観察し，食品を選択するために必要な情報を収集しよう

- 5種類の肉を観察させ，食品の外観や表示から，食品の選択に必要な情報を収集させる。 ← 5種類の肉の情報を集めさせます。A：国産牛，B：国産牛（薄切り），C：精肉店で購入した国産牛（トレイ詰めでないもの），D：調味済み牛肉，E：Aと同じだが，トレイに破損のあるものの5種類を準備し，意欲的に観察させます。
- 目的や栄養，価格や調理の能率，環境への影響等についても考えさせる。

### 食品を選択しよう

- 「もしも，おばあちゃんに牛丼を作ってあげるなら」「家族で焼き肉をするなら」等の課題に応じて，食品を選択する。 ← ノートや板書を参考に，根拠をもって選択できるよう指導します。
← 机間指導により，子どもの学習状況を把握しながら，発表させます。

### 自己評価し，授業を振り返ろう

- 本時の学習を振り返り，自己評価する。 ← 学習前と学習後の思いを比較させるとともに，次時では加工食品について学習することを知らせます。
- 次時の学習について確認する。

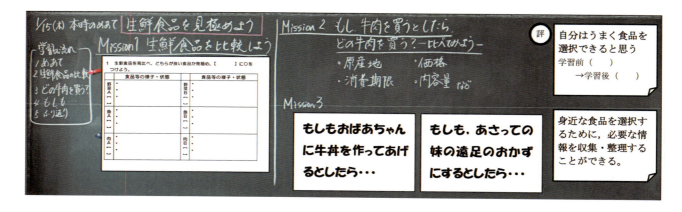

# ワークシート

## 生鮮食品を見極めよう

1年___組___番 氏名_____

本時のめあて

### 1 生鮮食品を見比べ、どちらが良い食品か見極め、【 】に〇をつけよう。

| | 食品等の様子・状態 | | 食品等の様子・状態 |
|---|---|---|---|
| 野菜A【 】 | ・ | 野菜B【 】 | ・ |
| 魚A【 】 | ・ | 魚B【 】 | ・ |
| 肉A【 】 | ・ | 肉B【 】 | ・ |

食品を見極めて、分かったことや思ったこと

### 2 次の肉の中から1つ選んで購入しようと思います。どの肉を購入するか決定するために、必要な情報をできるだけたくさん集めてみよう。

| | 食品からわかる情報 | | 食品からわかる情報 |
|---|---|---|---|
| 肉1 | 原産地：<br>消費期限：<br>内容量：　　価格：<br>その他： | 肉2 | 原産地：<br>消費期限：<br>内容量：　　価格：<br>その他： |
| 肉3 | 原産地：<br>消費期限：<br>内容量：　　価格：<br>その他： | 肉4 | 原産地：<br>消費期限：<br>内容量：　　価格：<br>その他： |
| 肉5 | 原産地：<br>消費期限：<br>内容量：　　価格：<br>その他： | | 私の選んだ食品【 】<br>理由： |

【もしも・・・なら どの肉を選ぶ？】

その1 （肉　　）理由：

その2 （肉　　）理由：

☆ 自分は食品をうま（ ）できると思う（自己評価）

学習前 （ 4 できる　3 ややできる　2 やや難しい　1 難しい ）
学習後 （ 4 できる　3 ややできる　2 やや難しい　1 難しい ）

---

牛肉を観察し、どちらがより良い食品か判断する。

### 1 生鮮食品を見比べ、どちらが良い食品か見極め、【 】に〇をつけよう。

| | 食品等の様子・状態 | | 食品等の様子・状態 |
|---|---|---|---|
| 野菜A【〇】 | ・葉がしおれていない<br>・茎がまっすぐのびている<br>・水分が多そう（みずみずしい）<br>・くさくない | 野菜B【 】 | ・しおれている<br>・茎がまがったりおれたりしている<br>・葉や茎の変色に注意してみる。 |
| 魚A【〇】 | ・目がきれい<br>・ぬめりぐ<br>・つやがある | 魚B【 】 | ・　が多くでている<br>・にごっている<br>・うろこ や えらに注意してみる。 |
| 肉A【〇】 | ・きれいな赤色をしている<br>・かたさがおいしい（やわらかい）<br>・汁がほとんど出ていなかった | 肉B【 】 | ・少し黒っぽくなっている<br>・汁ができている<br>・少し かたくなっている（かたそう） |

友達の意見も加えながらワークシートを完成し、意見を交流させることができる。

**5種類の牛肉を観察**

少人数のグループワークにすることで、学習へ参加しやすくなる。

### 2 次の肉の中から1つ選んで購入しようと思います。どの肉を購入するか決定するために、必要な情報をできるだけたくさん集めてみよう。

| | 食品からわかる情報 | | 食品からわかる情報 |
|---|---|---|---|
| 肉1 | 原産地：広島<br>消費期限：26.9.13<br>内容量：140g 価格：1000<br>その他：加工されていない<br>黒毛和牛（もも）<br>焼肉用 | 肉2 | 原産地：広島<br>消費期限：26.9.14<br>内容量：180g 価格：980<br>その他：加工されていない<br>黒毛和牛 |
| 肉3 | 原産地：広島<br>消費期限：26.9.14<br>内容量：142g 価格：1107<br>その他：加工されていない<br>焼肉用<br>トレイに入っていない | 肉4 | 原産地：広島<br>消費期限：26.9.12<br>内容量：300g 価格：1480<br>その他：加工されている<br>焼肉用 |
| 肉5 | 原産地：広島<br>消費期限：9.11<br>内容量：140g 価格：1060<br>その他：加工されていない<br>焼肉用 | | 私の選んだ食品【 4 】<br>理由：味つけが もうしてあるから<br>焼くだけで 食べられる。<br>良い香り。 |

## 授業実践⓰ (中学校・実習) 食品の計量をしよう

**本時のねらい**：計量器具の適切な扱い方を知り，食品を正しく計量する。

| 本時のねらいを確認しよう | 人とのかかわりが苦手な子どもへの支援方法 |
|---|---|
| ・計量器具を活用して，食品を正しく計量することをねらいとし，本時の活動への見通しをもたせる。 | 題材全体の学習活動を見通すことができるように一枚ポートフォリオシートを作成し，生徒に関心・意欲をもたせます。 |
| | 板書に「学習の流れ」を示し，本時の活動への見通しをもたせます。 |
| **計量器について確認しよう** | |
| ・計量器具の種類と計量できる量を確認します。<br>・正しく計量するためのポイントを確認します。 | 調理実習で使用する調味料の計量を実際に示範して見せ，正しい計量の仕方を理解させます。 |
| **食品を正しく計量しよう** | |
| ・水，塩，砂糖，小麦粉についてペアで計量させ，計量の仕方などを互いに評価させる。<br>・ウォークラリー形式で計量させ，正しく計量することに意欲をもたせる。<br>・計量する課題は重量で示し，その重量の食品を量り取るために，計量器具をどのように使うか考えさせる。 | 食品を計量するごとにワークシートにシールを貼る，正しく計量できた場合にはさらにシールを貼る等，学習の成果を可視化し，学習意欲をもたせます。<br><br>重量からでは考えにくい子どもには，板書を参考に計量するよう指導します。 |
| **自己評価し，授業を振り返ろう** | |
| ・本時の学習を振り返り，自己評価をさせる。 | 学習前と学習後の思いを比較し，次時以降の調理実習への展望をもって振り返りを書くようにします。 |
| **次時への見通しをもとう** | |
| ・次時では，調理実習の計画を立てていくことを確認する。 | |

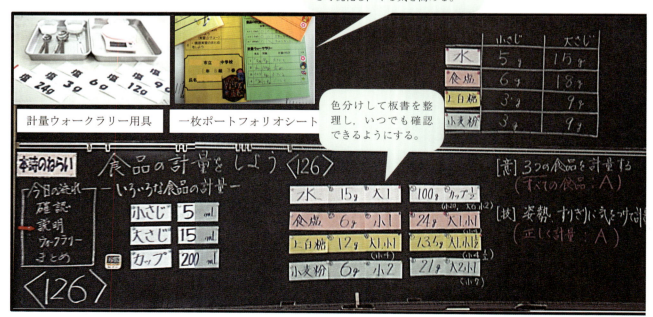

シールを貼ることで，学習の成果を可視化し，やる気を高める。

計量ウォークラリー用具／一枚ポートフォリオシート

色分けして板書を整理し，いつでも確認できるようにする。

## 一枚ポートフォリオシート（→第4章参照）

> 学習の流れをいつでも確認したり振り返ったりすることができ，学習の見通しがもてる。

[ポートフォリオシート：簡単な日常食の調理をしよう！]
- 学習後のイメージマップ（調理）
- 材料の切り方
- 課題発見 → 計画 → 実践 → 評価 → 改善 → 新たな課題の発見
- 調理実習を通して身に付く力
- この学習を通して思ったこと・考えたこと，自分の変化などを書いてみよう
- 食品の計量（大さじ15mL／小さじ5mL／カップ200mL）：姿勢・すりきり・自己評価
- 計量ウォークラリー（食品／問題／計量の仕方／シール）
- 学習内容（時数）・キーワード
  1. 包丁を使おう
  2. 簡単な日常食の調理をしよう（調理計画）
  3. 簡単な日常食の調理をしよう（実習：シチュー）
  4. 調理実習の計画を見直そう
  5. 簡単な日常食の調理をしよう（実習：シチュー）
  6. 調理実習のまとめをしよう
- 学習前のイメージマップ（調理）
- 調理実習を通して身に付く力
- 家庭で実践してみようと思うこと（学習前／学習後）
- 　　市立　　中学校　年　組　番　氏名＿＿＿＿

【ねらい】
　水，塩，砂糖，小麦粉などについて正しく計量することを目標とする。実際に体験する中で，計量できる量は食品によって異なることを実感させる。

【準　備】
　食品ごとに右写真のようなセットを作っておく。

【方　法】
①計量しようとする食品が置いてあるテーブルのところに行き，バットの下に置いてある問題をひく（例：塩　6ｇ）。
②既習事項を生かして，各計量器具をどう使うか考えてポートフォリオシートに記入する。
③実際に計量した食品の重量を，デジタルはかりで計測する。
④次の食品のテーブルへ移動する。

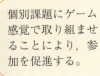
問題

> 個別課題にゲーム感覚で取り組ませることにより，参加を促進する。

> 作業台を半分に区切り，作業場所を特定する。

> 小グループの中で計量の仕方を教えあい，学びあうことができる。

> テーブル移動は時計回りと決めておき，動線を整理する。

## 第5節
# 興味・関心が狭い子どもへの支援

⬅発語・かかわり　⬅教材,教具,板書

**授業実践⑰（小学校・理論）　おもちで勝負**

**題材のねらい**：もち料理での会食を通して生じた課題を解決した結果をもとに，すごろく問題を作成し，すごろく遊びを通して地域的行事食等について理解する。

| 第1次　もち料理で会食 | 興味・関心が狭い子どもへの支援方法 |
|---|---|
| ①料理カードを作成（宿題）<br>②もちパーティの計画（各班1人の先生を招待）<br>③もちを使った料理を作らせる。<br>④会食<br>⑤1人1枚以上，会食での話から疑問を書かせる。 | ⬅もちを使って簡単にできる料理を，家の人に聞いて，料理カードを完成させるように助言します。<br><br>⬅会食時に先生に行う質問（もちに関する話，経験談）を考えて，質問カードを作らせる（例えば，もちの種類，行事ともちの関係，もちの食べ方，とっておきのもち話等，具体的に考えさせます）。 |
| **第2次　課題解決・すごろく問題作り（4時間）** | |
| ①課題解決プリントで解決方法について説明する。<br>②課題・解決方法の決定<br>③解決計画<br>④課題解決<br>　・分かったことを図表，文など自由にまとめる。<br>⑤すごろくの問題作成<br>　・各自で調べたこと，分かったことから問題を作成させる。<br>　・1人1問以上で3問までは作成して良いとし，各班12問とする。<br>⑥班ごとにすごろくを完成させる。 | ⬅4つの解決方法（インタビュー，調査，実験・観察，資料調べ）から得意な方法を一つ選択させます。<br><br><br><br>⬅問題形式は答えやすいように，3択，Yes/No，列挙形式の3種類とします。<br><br>⬅授業時間内であれば，複数の課題を追求しても良いとし，問題作成時間の個人差を考慮させます。<br><br>⬅5種のすごろく盤を用意し，班ごとに選択させます。 |
| **第3次　すごろく遊び** | |
| ①すごろくの遊び方，ルールを把握する。<br>②他班のすごろくで遊び，もちについてのより深い知識を共有する。 | ⬅すごろく遊びを通して，班員間，他班と交流させます。 |

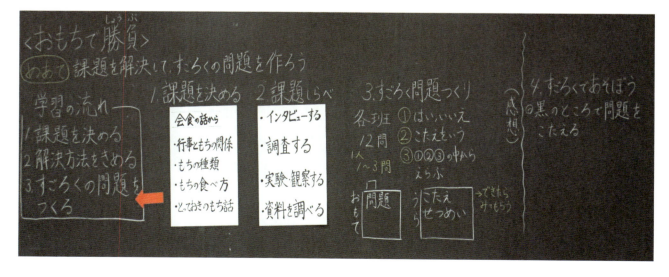

## 資料1　先生から聞いたもち話・疑問に思ったこと

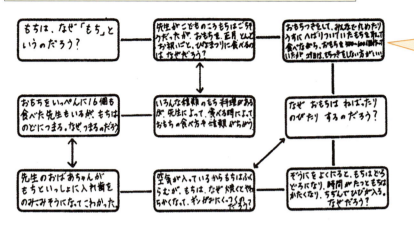

会食後に書かせたもちに関する疑問をまとめた図を見させ，他の人の疑問を知らせることによって，質の良い課題を設定させる。

## 資料2　「すごろく」大作戦（資料を調べるの巻）　　資料3　すごろくの問題カード例

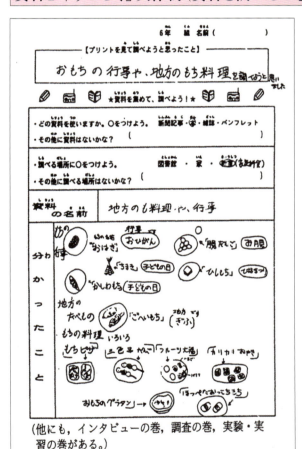

課題解決後，レポートや新聞にまとめて発表させることが多いが，すごろくの問題作成として学習成果をまとめさせた。

## 資料4　すごろく盤の例

・すごろく盤の太字番号をつけた封筒の中に問題カードを入れておく。
・太字番号に止まると，他の班員が問題を読む。
・間違った解答であれば，続けて解説が読まれる。

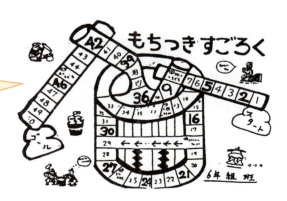

## 授業実践⑱（小学校・実習） ご飯とみそ汁の作り方を説明しよう

**本時のねらい**：手順に対する友達の説明を積極的に聞くことができる。
　　　　　　　みそ汁の作り方の手順を理解することができる。

| 本時のめあてを確認しよう | 興味・関心が狭い子どもへの支援方法 |
|---|---|
| ・次時で実際にご飯とみそ汁を作ることを示し，本時の活動への意欲と見通しをもたせる。 | 子どものこだわりを把握し，予め環境を整えます。子どもが興味のあるキャラクターなどを用い，学習への興味を高めます。 |

**ご飯の炊き方の確認カードを手順にそって並べよう**
- ご飯の炊き方の手順を示した確認カードを一人ひとりに配布し，教科書を見ながら並べ替えさせる。

　ご飯の炊き方の確認カードは，教科書の手順をさらにスモールステップにしたカード（絵や写真，簡単な文章が書かれてあるカード）で，貼ったりはがしたりが何度でもできるものを用意します。

**ご飯の炊き方を説明しよう**
- ご飯の炊き方を理解するために，確認カードを見せながらペア同士で，相手に分かりやすいようにご飯の炊き方を説明させる。聞く側は説明内容が自分と同じであるかを確認し，手順に関する質問を1つする，3人の友達に説明することとする。
- 全員ができるまでは活動を終えないようにし，子どもが積極的に複数の友達にかかわりながら活動できるようにする。
- 全員が合格後，教材提示装置で確認カードを提示し，最終確認をする。

　絵や単語カードを用い，指示を具体的に出します。

　説明が流れ作業にならないように聞き側の友達に1つ質問してもらうようにします。

　活動のルールが分かりやすいよう，黒板に個人の名前カードを掲示し，まだ合格していない子どもがすぐに分かるようにします。

　説明することが困難な場合は，3人の友達の説明を聞けたら合格とします。

**みそ汁の作り方の確認カードを手順にそって並べよう**
- みそ汁の作り方を示した確認カードを一人ひとりに配付し，教科書を見ながら並べ替えさせる。

　みそ汁の作り方の確認カードは，教科書の手順をさらにスモールステップにしたもの（絵や写真，簡単な文章が書かれてあるもの）で，貼ったりはがしたりが何度でもできるものを用意します。

**みそ汁の作り方を模擬実習しながら説明しよう**
- みそ汁の作り方を理解するために，食材のカード（ねぎ・油揚げ・みそ）・まな板と包丁のカード・計量カップ・なべを用意し，模擬実習をしながら説明する。

　調理過程を写真で提示し，実践的で具体的な動きをイメージすることができる。

**本時の活動の振り返りと次時への見通しをもとう**
- 次時への見通しとして，確認カードの手順通りに実習を行うことを予告する。

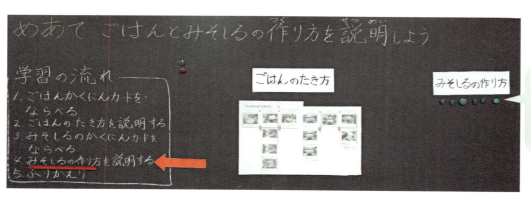

説明が終わったペアは自分たちのマグネットを置く
➡教師は作業状況が把握できる

確認カード　みそ汁の作り方

- スモールステップで示した各操作は，貼ったりはがしたりできるカードになっています。
- カードの裏面に両面テープをつけ，貼ってはがせる粘着剤つき紙テープをつけています。
- 貼り外しできるカードは，全カードでも良いし，間違いやすい数枚の操作カードに限っても良い。

調理器具・材料の模型

ダンボールの表裏に，調理器具や材料をコピーした紙を貼って作成。

学びあい

○調理模型を用いて作り方を友達に説明
➡全員が説明できたら目標達成!!

数回の模擬調理で，手順が分かり自信がもてる。

## 特別支援教育の視点から一言

　興味・関心が狭い子どもには，学習の流れを示して見通しをもたせたり，板書や教材を分かりやすく整理することが有効です。この実践では，調理手順の写真を並べ替えたり，調理器具などの模型を使って学習する等，具体物を用いることで，学習への参加を促すことができています。

## 授業実践⑲（中学校・理論） これからの私と家族の関係 ―自分の部屋にテレビが欲しい―

**本時のねらい**：適切な対話は家族相互の理解を深めることが分かり，コミュニケーションの必要性に気づく。

| 本時のめあてを確認しよう | 興味・関心が狭い子どもへの支援方法 |
|---|---|
| ・「自分の部屋にテレビが欲しい」太郎と母の会話をシナリオにして読み合わせ，会話の問題点に気づかせる。<br>・「欲しいもの」は事前アンケートの結果をもとにし，子ども自身の生活課題として捉えられるようにする。 | 役割読みをさせて，太郎や母を感じさせます。<br><br>説明はできるだけ簡略化し，絵・写真・文字等で示した例文をもとにロールプレイイングをさせる。言葉にすることで，感情に気づかせます。 |
| **太郎と母の会話について，気づきを話しあおう**<br>・2人の間に十分な対話がなされていないことを確認する。（太郎のテレビが欲しい理由が明確でない，母が反対する理由が明確でない，母は父に説明責任を転嫁している 等） | 太郎，母の表情を絵で示し，感情を理解しやすくします。<br><br>似たような経験はないか，振り返るよう問いかけます。 |
| **太郎と母の立場に分かれて理由を述べよう**<br>・太郎の立場，母の立場に分かれるよう席を移動し，4人で話しあって2つ意見にまとめ，カードに書いて黒板に貼る。相手を説得できる意見を考える。 | 色違いのはちまきで立場を明確に示し，視覚的な理解を促します。<br><br>向かいあって座り，それぞれのグループには意見カードと同じ色のはちまきを首にかけて，立場の違いがわかるようにします。<br><br>こだわりを生かすようなチームに配属します。 |
| **それぞれの立場で意見を交換しよう**<br>・相手の考えに納得できる点があれば，それを考慮した返答を考え，コミュニケーションを深めて，お互いに納得した解決を導き出させる。 | どの意見に対して賛成または反対なのか，カードを示すことで考えをはっきりさせます。<br><br>自分の考えが十分に発言できる機会を与え，教師は聞き役に回ります。 |
| **太郎を自分に置き換えて，家族の課題を明らかにし，今後の学習計画を立てよう**<br>・テレビ購入に反対する理由を取り除くために，自分の生活を振り返り，課題を捉えさせる。 | 自分なりの考えがもてたことを評価します。<br><br>家庭等とも連携して多様な評価を得る場面を設定します。 |

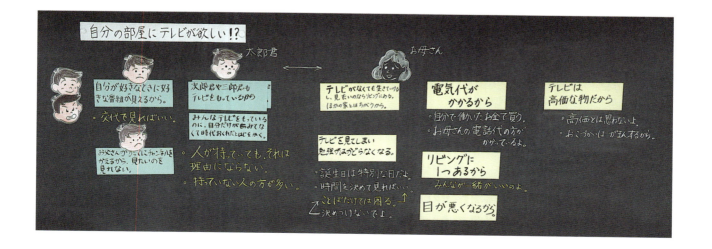

## 資料（シナリオ「太郎と母の会話」）

　もうすぐ誕生日を迎える太郎君。来月で13歳になります。太郎君は，誕生日に買って欲しいものがあります。それは，テレビ。高価なものなので，買ってもらえるかどうか分かりませんが，思い切って，お母さんに聞いてみました。

太郎：「お母さん，ぼくの誕生日プレゼントにテレビが欲しいんだけど，買ってくれる？」
母　：「テレビ？　テレビならリビングにあるじゃない。」
太郎：「そうだけど，自分の部屋にテレビが欲しいんだ。いいでしょ？」
母　：「どうして自分の部屋じゃなきゃいけないの。分からないわ。」
太郎：「どうしても。二郎君や三郎君も，みんな持っているんだよ。ねえ，いいでしょ。買ってよ。」
母　：「だめよ。」
太郎：「どうしてだめなの？」
母　：「だめと言ったらだめよ。お父さんに聞いてごらんなさい。」
太郎：「チェッ。」

　お母さんに断られた太郎君は，自分の部屋に入ると，勢いよくバタンとドアを閉めて，夕食まで部屋から出てきませんでした。

## ワークシート

＜自分の部屋にテレビが欲しい＞
　　　　　　　（　）組（　）番　名前（　　　　）

◆ 問題文を読んでで，考えましょう。
1　太郎君，お母さん，それぞれの言い分を考えてみましょう。

| 太郎君 | 誕生日プレゼントに，自分の部屋に置くテレビを買ってほしい。<br>二郎君や三郎君，みんなも 持っている。 |
|---|---|
| お母さん | テレビは，リビングにある。<br>自分の部屋に置きたい理由がわからない。<br>お父さんの許しが ない。 |

2　上記の考えのうち，あなたが「もっともだ」と思うものに赤い下線を引きましょう。

◆ 太郎君とお母さんの役に別れて話し合いをします。あなたは（ (太郎君)　お母さん ）役

3　話し合いを終えて，あなたは相手の言い分を理解することができましたか。
　　（ よく理解した　(だいたい理解した)　あまり理解できない　まったく理解できない ）

4　あなたは，自分の部屋にテレビがあったらいいと思いますか。その理由は何ですか。
　　（ 是非とも欲しい　(なくても仕方ない)　必要ない ）

> テレビは 欲しいけれど，あったら 見すぎてしまうから。
> 一人で見ても 楽しくないから。

5　もし，あなたの部屋のテレビを置くことになったとしたら，どのようなルールが必要ですか。

> ○ 一日一時間とか，決めて見る。　　○ 離れて見る。
> ○ 見る時間（9時まで とか）を決める。
> ○ テレビを見ている時に，呼ばれたら，テレビを切る。
> ○ 宿題が すんでから 見る。

（吹き出し）感情の読み取りが難しい生徒には，絵を見せて理解を促す。

### ワンポイント

● 顔の表情を示す絵は，何通りか用意しておき，意見に応じて貼り替え，絵によって発表者の気持ちを理解させる。
● こだわりの強い生徒に十分に話す機会を保障すると同時に，反対意見を聞くことも約束させる。
● 席を移動する，はちまきの色を変えるなどして，自分の立場をはっきりさせる。

生活時間や計画的なお金の使い方の学習へ発展させることができる。

## 授業実践⑳（中学校・実習） 調理実習の計画を立てよう

**本時のねらい**：調理に必要な手順や時間を考え，調理計画を工夫する。

| 本時のねらいを確認しよう | 興味・関心が狭い子どもへの支援方法 |
|---|---|
| ・本時のねらいや学習の流れを示し，学習意欲や本時の活動への見通しをもたせる。 | 学習活動を見通すことができるように，学習の流れを提示し，生徒に関心・意欲をもたせます。 |
| | 板書に「学習の流れ」を示し，本時の活動への見通しをもたせます。 |
| **材料の確認をしよう** | |
| ・調理実習に必要な材料や，班員分の分量を確認させる。 | 材料や分量について，班員で確認させます。 |
| **調理実習に必要な手順や時間を考え，調理計画を作成しよう** | |
| ・必要な手順や時間を考えて，班ごとに調理計画を作成させる。<br>・生徒にそれぞれ色の違う付箋を配付し，実習で自分が担当する手順を付箋に記入させる。<br>・手順や時間を考えて，計画書に付箋を貼り，能率の良い実習計画を立てさせる。 | 付箋を活用して，各自の役割分担を明確にします。一人ずつ，異なる色の付箋に自分の担当する手順を書きこませ，確認させるとともに，役割が偏らないようにします。 |
| **調理実習計画を活用して実習シミュレーションをしよう** | |
| ・調理室に移動し，計画書に従いシミュレーションさせる。 | 実際に計画通り動いてみたり，使用する調理器具の収納場所を確認したりしながら，作成した計画書の課題を発見させます。 |
| **シミュレーションをして課題のあった部分について計画書を改善しよう** | |
| ・さらに色の異なる付箋に計画の改善点を記入させ，計画書に貼付させる。 | 班員で意見交流し，改善点を考えさせることを通して，調理実習の手順を確認させ，意欲をもたせます。 |
| **本時を振り返り，まとめよう** | |
| ・各自の変容に気づかせるとともに，次時では，調理実習を行うことを確認します。 | |

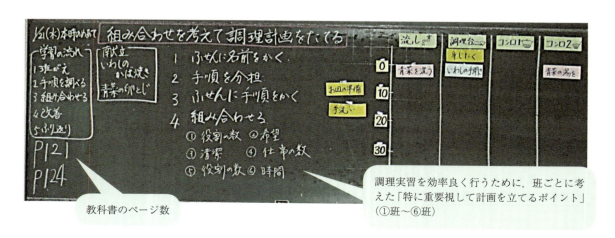

教科書のページ数

調理実習を効率良く行うために，班ごとに考えた「特に重要視して計画を立てるポイント」（①班〜⑥班）

# ワークシート

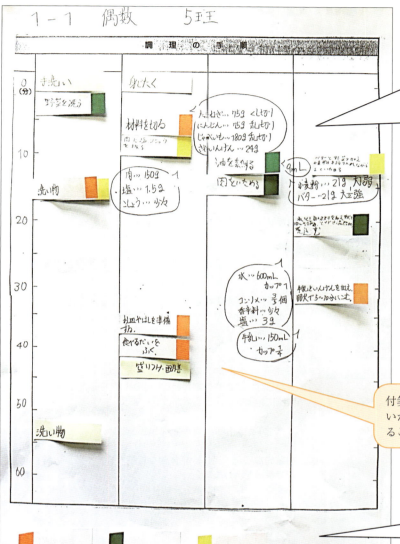

**班で実習計画を立てる**
(1) 実習手順を参考に，班員で役割を分担する。
(2) 自分が担当する手順を付箋に写す（一人ひとり付箋の色を決めておく）。
(3) 調理の手順を組みあわせて，計画を立てる。作業する場所や時間を考えながら，個人で記述した付箋を貼りつける。

**計画を立てるためのポイント**
①役割分担が偏らないようにする。
②時間を考える（50分で終えられるように）。
③調理をうまく組みあわせる。
④「安全」「清潔」に留意する。
⑤これまでの実習を生かす。

付箋の色を分けたことで，役割分担に偏りがないか視覚的に確認することができる。自分で貼ることで，参加を意識づける。

付箋に名前を書いて貼りつけ，誰がどんな役割を担当するか分かりやすく表示する。

## シミュレーション

- 調理実習室において，調理実習で誰がいつどのように動くかを，短時間でシミュレーションさせる（調理室への移動が難しければ，右図のように被服室の裁縫台等を調理台に見立て，シミュレーションさせる）。

- 指導者がカウントする時間に合わせて実際に体を動かし，作業を確認させる。

- シミュレーションを体験して，計画を再度見直す。

予めシミュレーションすることにより，自分の動きや役割を確認することができ，参加しやすくなる。次時の実習の見通しがもてる。

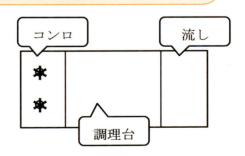

# 第6節 手先が不器用な子どもへの支援

← 発語・かかわり　← 教材，教具，板書

## 授業実践㉑（中学校・実習）　バナナケーキを作ろう

**本時のねらい**：役割分担を決め，班で協力してケーキを作ることができる。

| 本時のねらいを確認しよう | 手先が不器用な子どもへの支援方法 |
|---|---|
| ・本時のねらいを声に出して読ませ，学習への参加を意識づける。 | ← 本時の学習の流れを板書して示します。板書はなるべく平易な言葉で書きます。 |
| **役割分担を確認する**<br>・前時に作成した手順書をもとに役割分担を確認させる。 | ← ラミネートした手順書に自分の名前をマジックテープで貼りつけます。自分で貼りつけることにより，実習への主体的な参加を促します。 |
| **調理**<br>・手順書にそって，バナナケーキを作る。<br>・具体的な指示により，タイマーやデジタルはかりを使用させる。 | ← 分からないことや作業が難しいと感じたりしたときは，すぐに教師に相談するよう言葉がけをします。<br>← 写真を手がかりに，調理手順を確認しながら作業します。<br>← 抽象的な表現を避け，具体的な重量（g）や時間（秒），回数等で手順を示します。<br>← 必要な場合は，作業部分を切り取ったカードを持たせます。 |
| **片付けと振り返り**<br>・本時のねらいが達成されたか，ワークシートに評価と振り返りを記入させる。 | ← 評価が記入しやすいように，3種類の評価カードを用いて選択させます（◎○△）。 |

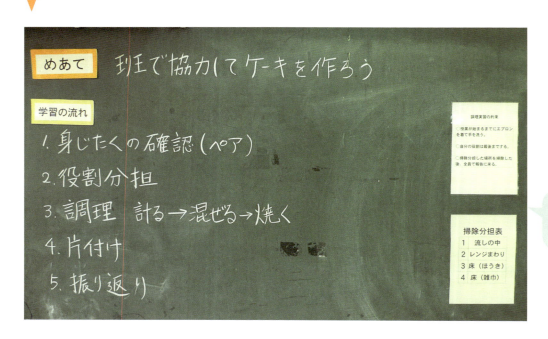

調理室の使い方や掃除当番表を掲示しておく。

### 計量の仕方
手順書の写真を手がかりに計量させます。

150g　　50g　　6g　　100g

> 何を何g入れたら良いか，写真を見ればイメージがもてる。

> 計量方法が写真でイメージできることにより，言葉での説明が少なくてすみます。
> ベーキングパウダーは，小さじを使わずデジタルはかりで計量させます。

### 手順の簡素化

粉をふるう代わりに泡だて器で30回まぜる。下にすべり止めのシートを敷く。

バナナは包丁を使わず，キッチンばさみ（またはスプーン）で切る。

型に入れるときは，ビニール袋に生地を入れ，端を切って流し入れる。こぼれにくく失敗が少ない。

### 役割分担

> 手順書はラミネートされており，シール式のマジックテープが貼りつけられている。
> 子どもは，自分の名前カードを直接，手順書に貼りつける。
> 実習が終わったら名前カードを回収する。
> 手順書は他のクラスでも同様に使用することができる。

### 手順書のカード

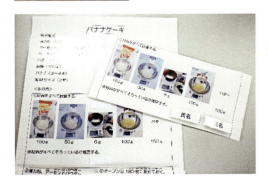

> 手順に迷うときには，手順書を小さく切ったカードを持たせる。一つずつ手元で作業を確認しながら行うことができる。

## 第3章 家庭科授業 はじめの一歩

### 第1節
# 家庭科の授業づくりの基礎

> **Q.1** 生活経験や生活環境が異なる子どもに，どのように学習課題を設定すれば良いですか？

**子どもの実態把握をしっかりしよう**

　さまざまな家庭環境にいる子どもの生活の中から課題を見つけ，学習したことが生活に戻っていく。そんな家庭科の授業づくりをめざしましょう。

　子どもの姿をしっかり見取ることを大切にしながら，家庭科専科の場合は，担任からの情報や子どもへのアンケート，そして可能ならば，保護者へのアンケート等も活用しましょう。

　学校生活も子ども達の生活の一部です。学校生活を見直すことも学習課題の発見につながります。

**学校生活の中で学習課題を見つけよう**

①子どもが探す

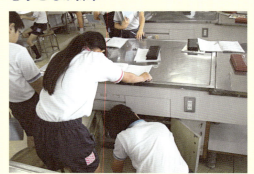

自分達で改めて気になるところを探す

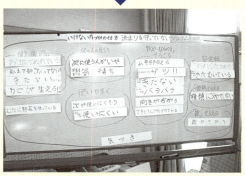

全体で整理して課題とする

②教師の気づきから

『布巾で流しの中を拭いている』

『調理器具の片付け方』

『掃除ロッカー』

**子どものこれからに生きるように**

　家庭環境に大きく影響を受ける内容は，現時点ですぐに課題解決し，改善することは難しいかもしれません。子どもが成長し，自分自身で生活すべてを作り出すとき，家庭科で学んだ内容や課題解決の方法が生かされていきます。だからこそ，学校の家庭科の授業で学ぶ意味があるのです。

## Q.2 どのような板書をすれば良いですか？

板書はその時間の学習内容の足跡です。学習したことが最後に見てよく分かるようにすっきりとまとめましょう。そのためには，ある程度子どもの発言を予想しておくことが大事です。板書計画を立てて授業に臨みましょう。子どもの考えや意見がたくさん盛り込まれた板書にしましょう。

- 学習の流れが分かるように

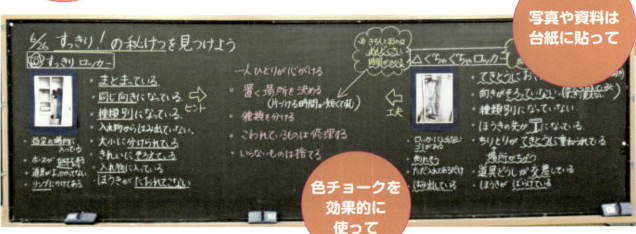

- 写真や資料は台紙に貼って
- 色チョークを効果的に使って

- 子どもが書いたものを使って，子どもと一緒に作る板書
- 子どもと一緒に弁当の評価基準を作成しています。それを通して，弁当作りの要点を学習。

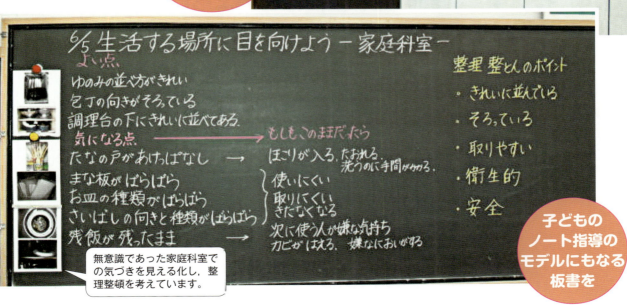

- 無意識であった家庭科室での気づきを見える化し，整理整頓を考えています。
- 子どものノート指導のモデルにもなる板書を

## Q.3　子どもの発言に対してどう返したら良いですか？

**学習の流れが分かるように**

①そう考えた理由や意図を問い返すことで，子どもの思いを引き出し，全体に伝わるようにする。
- 「どうしてそう考えたのですか？」
- 「そう思った理由がありますか？」
- 「もう少し詳しく説明できますか？」
- 「黒板に絵や図を描いて説明しても良いですよ」

**教師との一対一のやりとりにならないように**

②全体に，一人の子どもの発言を広げるような返しをする。
- 「今の○さんの意見に対して，みんなはどう思いますか？どう考えますか？」
- 「似た考えの人はいますか？」
- 「どうして○さんは，そんな風に考えたと思いますか？」
- 「もし自分だったらどうですか？」
- 「別の考えの人はいますか？」

**いろいろな意見を整理するために**

③出されている意見を整理し，まとめるような返しをする。
- 「今の意見はだれの意見と似ていますか？」
- 「短い言葉で言うとどうなりますか？」
- 「どうして○さんは，そんな風に考えたと思いますか？」
- 「別の考えの人はいますか？」
- 「今出ている意見についてグループでもう一度整理してみましょう」

## Q.4　授業中，教師の立ち位置はどのようにすれば良いですか？

**子どもの姿をより多く見取るために**

**机間指導を行いましょう**

　板書をしているとき以外は，できるだけ子どもの側に行きましょう。

　子どもの様子がよく見えれば，ほめたり，細かい支援をしたりすることが可能になります。また，意見交流や話し合いの場面では，発言者の対角に位置することで，発言者がより相手意識をもって話すことができるようになります。

　発言者から少し距離をとり，声が他の子ども達に届いているか確認しましょう。

　声が小さく，自信がない等，発言することに抵抗のある子どもの場合には，寄りそって励ましを与えることも必要です。教師と一対一の対話にならないように注意しながら，子どもの気持ちを汲み取りましょう。

　話しあいや活動の場面では，机間指導を行います。

　一定の場所にとどまるのではなく，均等に教室内を移動しながら，どの子ども（どの

班）がどのような意見をもっているか（活動をしているか）見取りましょう。

　**同意，賞賛，問いかけをしながら，学習を促します。**

　自信のない子どもや発言の少ない子どもに「おもしろい発想だから，あとで発表してくださいね」と声をかけることで，積極的な参加を促すこともできます。また，子どもに話しかけるときは姿勢を低くして，子どもの目線にあわせることも大切です。

## Q.5　子どもにとって学びやすい家庭科室にするため，どんなことに気をつければ良いですか？

**明るく温かい雰囲気**

　子どもが落ち着いて学習できる空間となるように教室全体の雰囲気を調えましょう。
　教室の前からだけでなく，子ども達が学習するときの目線で工夫をすることで，教室全体の雰囲気が変わってきます。

**すっきり**

①家庭科室には子どもの学習に必要なさまざまな道具や用具があります。常にすっきりと整理整とんすることを心がけ，棚や入れ物にラベリングするなど，教室のどこに何があるのか分かるようにしておきましょう。
②ラベリングを兼ねて，調理器具等がきちんと整えて収納されている写真をその場所に貼れば，どこに何を納めれば良いのか分かるだけでなく，片付け方の見本にもなります。
③そのラベルを家庭科の学習の中で子どもと共に作成するのも良いでしょう。

**安全に！**

　家庭科室には使い方や管理を誤ると危険が伴うものがたくさんあります。子どもと使用方法を確認し，きちんとルールを決めるとともに道具や用具の保管の仕方に留意しましょう。

①包丁やはさみ，針等の管理には十分気をつけましょう。継続して使用するからといって，無造作に置きっぱなしにならないようにしましょう。
②ガスの元栓，アイロンやミシンのコンセント等，使用後に子どもと確認すると共に教師自身の目でも確実にチェックしましょう。
③食器等，子どもの取り出しやすさも考慮した収納方法を工夫しましょう。

## Q.6　家庭科室にはどんなものを掲示すれば良いですか？

**学習をサポートする掲示物**

掲示スペースにゆとりがあれば，学習内容に応じてタイムリーに掲示していきたいですね。

①子ども達の作品を期間限定で掲示する。直接掲示が難しい場合は写真を活用すると良いでしょう。
→自分達が作ったという達成感が味わえます。下学年の子どもが見ることによって，今後の学習の見通しをもてたり，あこがれの気持ちから家庭科の学びへの意欲にも繋がります。

②現在学習している内容のものを問いかける形式で，子ども達が自由に動かして学ぶことができるようにする。
→可動式の掲示は子ども達の興味関心を引くとともに，ゲーム感覚で学習することができます。

### 例1　野菜カード

野菜サラダを作るとき，レタスとキャベツを混同している子どもが意外と多いことに気づきました。そこで，作ったのがこの野菜カードです。表面には野菜の写真。裏面には野菜の名前を書いて，ラミネートしただけの簡単な手作りカードです。

休憩時間には，子どもがとても楽しそうにカードをめくって名前を確かめます。また，高学年だけでなく，低学年や中学年の子どもが家庭科室を訪れたときに楽しむことがでます。

### 例2　1食分の献立を立ててみようコーナー

栄養バランスを考えながらあと1品を選んで加えます。ヒントも一緒に示すことで，考えやすくなります。

例1　野菜カード

例2　1食分の献立を立ててみようコーナー

③これまでの学習の足跡を模造紙にまとめて掲示するのも良いでしょう。
→掲示物を見ることで自分達の学習を振り返ることができます。

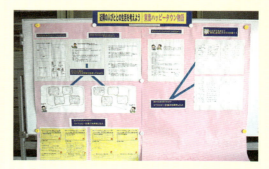

# 第2節
# 実習授業の基礎

## 1. 調理実習授業の基礎

### Q.1 初めての調理実習はどんなことをすれば良いですか？

**正しく安全にガスこんろを使おう**

各家庭のIH製品の普及により，ガスこんろを使ったことのない子どももいます。まず，やかんでお湯をわかして，お茶を入れてみましょう。ガスこんろの点火の練習や計量の仕方，生ゴミの処理の仕方，後片付けの仕方まで丁寧に学習します。

6年生が調理実習の経験者としてまとめたものを利用するのも良いですね。また，時間的に余裕があれば，複数のお茶の葉を用意することで，味や入れ方の違いも学習することができます。また，お茶の葉を粉末の紅茶に変えると大さじですりきって計量する学習もできます（その場合は生ゴミ処理の学習は次時となります）。子どもの実態に応じて，いろいろな学習内容を盛り込むことができます。

なお，ガスこんろを初めて使う子どもの中には，点火を恐れる子どももいます。そのときは，子どもの手を持って一緒に押し回し，点火する練習をしてみましょう。

**正しく安全に包丁を使おう！**

家庭科で初めて包丁とまな板を使う授業です。

ここでは，最初に包丁の持ち運び方や扱い方，片付け方のルールを具体的にやって見せながら学習します。

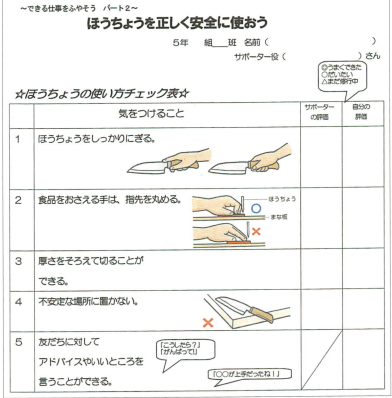

**包丁＆まな板ルール**

①包丁は布巾にくるんで持ち運びする。
②調理台に置くときはなるべく中央に置く。
③作業するときは，まな板の正面に立つ。
④交代するときは直接手渡しせず，調理台にいったん置いてから交代する。
⑤包丁の柄をしっかりとにぎる。人差し指をみねにそえても良い。
⑥反対側の手の指は丸く，猫の手にする。
⑦洗うときは流しの底に当てて，スポンジでこすって洗う。持ち上げて洗わない。
⑧拭くときは，調理台の上においた布巾に当てて，水気をとる。
⑨まな板を使うときは，食品のにおいや色をつきにくくするため，一度ぬらした後，拭いてから使う。

**きちんと後片付けをしよう**

毎回の調理実習で共通の片付け方を表にして，提示しておきます。

最初は時間がかかるかもしれませんが，丁寧に確認しながら指導したい事項です。1グループずつ，きちんと片付けることができているか確認しましょう。また，調理実習を計画する際には，片付けの時間もしっかり確保しておきましょう。調理題材にもよりますが，15分間くらいは確保したいものです。

### 片付けをしよう！

☆食器や調理器具は，きれいに洗い，水分をふき取って納める。
☆ガスこんろ台とそのまわりをきれいにふく。
☆調理台の上をふく。
☆流しのゴミを取り，水てきをふき取る。
☆布巾はきれいに洗い，かたくしぼってほす。
☆ガスせんをしめる。かん気せんを止める。
☆床をきれいにする。

## Q.2　調理実習の準備はどのようにすれば良いですか？

**食材は前日購入するのが良いでしょう。**

学校に配達してもらえる場合とそうでない場合があると思います。グループごとに材料を分けるのは調理実習当日の朝に行います。バットに分けたら布巾などで覆っておきましょう。

**包丁やまな板以外の器具や食器は，調理実習のとき，子ども自身で準備するのが良いと思います。**

準備や後片付けも含めて調理実習であり，学習だからです。きちんと片付けるには，どのような状態で納められていたか，見ておく必要があります。

**あわせて，教師の調理実習時の服装（エプロンと三角巾等）も準備しておきましょう。**

子どもには，調理実習室に身じたくをすませた状態で集まるように指示しておくと，余計な時間をとることなく授業に入ることができます。

## Q.3　材料費はどのようにすれば良いですか？

　学校によって学年会計，学級会計，実費集金等，さまざまなやり方があります。一人〇円と予算の決められている学校もあるでしょう。勤務校ではどのようなシステムをとっているかよく聞き，相談しながらすすめていきましょう。みんなで使う調味料等もどのようにすればよいか，事前に相談しておきましょう。いずれも，高額になりすぎないように考慮することが必要です。

## Q.4　食物アレルギー対応はどのようにすれば良いですか？

　調理実習は，食材にふれたり，口にしたりする活動です。子ども達は楽しみにしていますが，食物アレルギーをもっている子どもにとっては，厳重な注意が必要です。家庭科専科の場合は必ず事前に学級担任と連携を図り，『学校生活管理指導表』（医師の診断）をもとにしっかり確認を行い，調理実習に使う材料チェックをしましょう。
　全員の子どもが調理に参加し，同じ学習を体験するためには，可能な範囲で調理題材や材料を変えることも必要になります。
　食べる活動をするときには，学校によって異なりますが，以下のような用紙を作成し，教師間で情報共有することもあります。

### 食に関する計画書（例）

| 実施日 | 年　　月　　日（　）　　校時 | | |
|---|---|---|---|
| 学年・組 クラブ等 | | | |
| 活動内容 | | | |
| 食材名 | | | |
| 指導上の 留意点 | | | |
| アレルギー対応の必要な児童名 | アレルギーの内容 | 対処方法 | |
| | 卵 | 代替食品として，豆腐を使う。 | |
| | りんご | 代替食品として，なしを使う。 | |
| | いりこ | 代替食品として，昆布を使う。 | |
| | | | |

| 校長 | 教頭 | 保健主事 | 栄養教諭 | 養護教諭 | 担任 | 指導者 |
|---|---|---|---|---|---|---|
| | | | | | | |

## 2. 被服実習授業の基礎

### Q.1　初めて裁縫道具を使うときは，どんなことをすれば良いですか？

**裁縫道具の名前と使うときのルールを覚えよう**

子ども達は裁縫道具を使う日を心待ちにしています。裁縫道具の中にははさみや針が入っているので，安全面での配慮が必要です。

| 道具の名前 | 使い方ルール |
|---|---|
| 裁ちばさみ | ○布を切る（裁つ）ときの専用のはさみなので，布以外の物を絶対に切らない。<br>○はさみを人に渡すときは刃を閉じて，刃先が自分の方へ向くように持って渡す。<br>○使わないときはケースにしまっておく。 |
| 糸切りばさみ | ○糸を切るときの専用のはさみ。<br>○使わないときはケースにしまっておく。<br>○刃先を人に向けない。 |
| 縫い針 | ○長針と短針がある。<br>○使う前に必ず本数を数えておく。使った後は，本数がきちんと揃っているか確かめる。<br>○針先を人に向けない。<br>○他の作業をするときは，針山に刺す。机上にそのまま置かない。<br>○針が折れたら，専用の入れ物に入れる。 |
| まち針 | ○使う前に必ず本数を数えておく。使った後は，本数がきちんと揃っているか確かめる。<br>○机上にそのまま置かない。作業中に抜いたまち針は，その都度，きちんと針山に刺しておく。<br>○針が折れたら，専用の入れ物に入れる。 |
| （必要に応じて）リッパーものさしメジャー　等 | ○リッパーの先は危険なため，人に向けない。自分の体の正面で作業する。 |

被服実習の約束を表にしておき，子ども達が意識できるようにしましょう。

授業の最後に，いつもみんなで針の本数チェック・糸くずチェックをする時間をとると良いですね。

**安全に楽しく作ろう！**

☆机上を整えてから作業を始めよう。

☆道具を大事に扱おう。

☆作業の始めと終わりに必ず針の本数を確かめよう。

☆きちんと正面を向いて，落ち着いて作業しよう。

☆使わない道具はおさめよう。

☆糸くずは糸くず入れにきちんと入れよう。

**糸通しに
チャレンジ！
名人技を
教えあおう**

「～すれば通りやすいよ」「～すると上手くできるよ」といった情報交換タイムを設けてみましょう。

子ども自身が実際にやりながら見つけたコツは身につきやすいはずです。名人技に名前をつけると子どもの意欲も高まります。また，ペア学習も有効です。

| 名人技（例） | やり方 |
|---|---|
| 糸の先斜め切り作戦！ | 糸を切るときに，斜めに切って，先をとがらせると入りやすいよ。 |
| 針の穴正面作戦！ | 針の穴を正面にまっすぐ持って構えるといいよ。 |
| 先を短く作戦！ | 糸の先から1cmくらいのところを持ち，糸の先がピンと張るようにする。 |
| 机の上でじっと作戦！ | 針を持つ手も糸を持つ手も手首を机の上にくっつけた状態で動かないようにする。糸を持っている親指と人差し指を伸ばすようにして入れる。 |

## Q.2 手縫いの技能を身につけるために，どんなものを作れば良いですか？

**フェルト
を使って
楽しく**

初めはある程度厚みがあって扱いやすいフェルトを使うと良いでしょう。

長方形（4cm×10cmくらい）のフェルトに糸で一画ずつ線を書くように縫い取ってみましょう。曲線より直線が容易です。子どもの技能にあわせて，片仮名を用いても良いですね（教科書参照）。

**玉どめ・
玉結びの
練習に**

子どもにとっての難関は玉どめと玉結びです。指で糸を『よる』ところがなかなか上手くできません。まずは糸を使わずに指の動きだけ練習するのも良いでしょう。

その後，糸を使って実際にやってみます。糸の巻き方が緩くてもきつくても上手くできません。その感覚を覚えるのに，楽しく何回も玉どめ・玉結びができるようなデザインにしてみましょう。

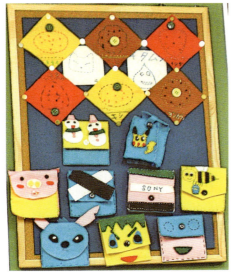
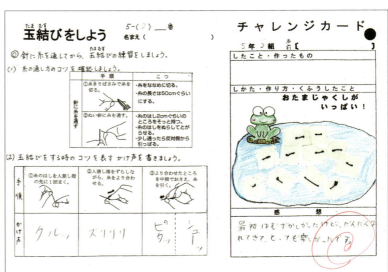

機械的に何度も練習するのではなく，練習しながら作品として完成していくと子どもが達成感を味わうことができます。ボタンつけも一緒に学習しても良いですよ。

指の動きにあった，コツを表すかけ声を唱えながら練習するとコツがわかりやすくなります。教材提示装置で教師の示範を映すと分かりやすいです。DVD教材など映像を通して玉結び・玉どめの仕方を見ると仕組みを捉えやすくなります。

**夏休みの課題にさらし布で『マイ花ふきん』**

手縫いの技能を定着させるために，夏休みの課題として，"さしこ"のように直線を使って好きな模様やイラストを描く「マイ花ふきんの製作」にチャレンジ。夏休み後の調理実習で自分の作った布巾を活用することを予め伝えることで，意欲の向上を図ります。

## Q.3　安全面の指導をどうすれば良いですか？

**針の本数を確かめよう**

**裁縫道具を使う前後に，必ず針の本数を確かめる時間をとりましょう。**

針の本数が足りないことに気がついたら，必ず教師に伝え，みんなで一緒に探すようにします。教科書の間に挟まっていることもあります。1本くらい…ではなく，1本でも足りないとみんなの安全にかかわるということを全員で意識できるように繰り返し声をかけましょう。

針を置くときは，必ず針さしに刺すこと，針先を下に向けて布から抜くこと等もあわせて声をかけ，授業終了時にワークシートを使って子ども自身が振り返るようにすると良いでしょう。

### 針と糸を使って作ろう！

5年　　組（　　　　　　）

◎よくできた　○できた　△がんばろう

| 学習内容 | ネームカード | 玉結び | 玉どめ | 小物づくり |
|---|---|---|---|---|
| 日　　付 | | | | |
| 縫い針（　　本） | | | | |
| まち針（　　本） | | | | |
| 針を置くときは針さしに刺す | | | | |
| 針を抜くときは針先を下に向ける | | | | |

## Q.4　ミシンの学習はどのように計画すれば良いですか？

**ペア学習を取り入れてみよう**

　　上糸のかけ方，下糸の引き出し方，角の曲がり方等，ミシンの機械操作を難しく感じる子どもも少なくありません。適切に扱わなければ，ミシン本体のトラブルが増えます。そこで，ミシンの扱いに慣れるまでは，一人が教科書や資料を見てナビゲートしながら，もう一人がミシン操作をするというペア学習を取り入れるのも良いでしょう。特に作業のポイントとなる部分は板書しておく等の支援をし，学習をすすめます。
　　安全面を意識して，ミシンを使う人はミシンの前に，もう一人は左側に座らせると良いでしょう。もう一人が右側に座ると，はずみ車や上糸調節装置を触ったり，スピードを変えてしまうことがあるので，留意が必要です。

**ミシンの練習をしながら役立つ物を作ろう**

　　直線縫い，角で方向転換，返し縫い。これらはミシンを使って製作するときに押さえたいポイントです。十分に空縫いをした後は，これらの練習をしながら，最終的に生活に役立つ物になっていく雑巾作りを取り入れてみましょう。色のついた糸を使えば，まっすぐ縫えているかどうかもすぐに確認できます。できあがった雑巾は，自分達の教室で使っても良いし，他の学年の学級や特別教室で使ってもらうと喜ばれることでしょう。

## Q.5　ミシン指導では，どんなことに気をつけたら良いですか？

**安全に**

　　コントローラーを踏むと一気に縫うことができるミシンは便利な機械です。ただし，安全に考慮した正しい使い方をしなければ，子どもがけがをする可能性もあります。授業の始めにミシン使用の約束を指導するとともに，製作中にもしっかり声をかけましょう。

### ミシンの約束

| |
|---|
| ☆ミシンを持ち運びするときには，カバーの持ち手ではなく，底を両手で支えて持とう。 |
| ☆ミシンは安定した場所に置こう。 |
| ☆ミシンの針棒の正面に座って作業しよう。 |
| ☆作業中はきょろきょろしないで，針の動きをよく見よう。 |
| ☆ミシンで作業する人は1人だけ。声はかけても，手は出さないで。 |
| ☆使わないときは必ず電源を切り，コンセントも抜いておこう。 |
| ☆電源を切ってから，ミシンを使う人と交代しよう。 |

# 3. ヒヤリ・ハット体験と危険防止方法

　家庭科の調理実習授業や被服実習授業で，子どもがけがをしたこと，危険だと感じて「ヒヤリ」としたこと，「ハット」したことはありませんか。

　実習授業を安全に実践するためには，どのような場面で危険が生じるのかを知り，具体的な場面を想定した事前指導が必要です。

　そこで，小・中学校における家庭科担当教師が経験したヒヤリ・ハット体験および危険防止のための方法を調理実習場面（①，②）・被服実習場面（③，④）別に示します。

## ① 調理実習場面でのヒヤリ・ハット体験

**調理中のやけど**
- フライパンの柄の根元を持ってやけどした。
- 炊飯やゆで野菜の調理の際，蒸気でやけどしそうになった。
- じゃがいも等をゆでた後の湯きり場面でやけどしそうになった。
- 野菜の水切りが不十分で，フライパンの油がはねた。
- 家では電磁気こんろの扱いに慣れているため，ガスこんろへ不用意に手を出す。
- 使い終わったフライパンや鍋を，熱いうちに洗って片付けしようとする。
- やかんからきゅうすにお湯を勢いよく入れて，やけどしそうになった。
- 熱さを恐れるあまり，布巾を小さく折りたたみ過ぎて分厚くなり，やかんの持ち手をしっかりつかめず鍋を落とした。　等

**包丁，ピーラーなどでの切り傷**
- 固い野菜や固定して切りにくい野菜を切るとき，包丁でりんごの皮むきをしているとき，ピーラーでじゃがいも等の球形の野菜の皮を包丁でむいているとき，手にけがをした。
- ブロッコリーの軸に切り込みを入れる際，親指と人指し指の間を切った。
- 包丁使用後，包丁を上後方に振りかざしたため，後ろにいた子どもの手のひらに包丁が刺さった。
- 包丁で焼きそばの袋をあけようとして勢いあまって自分の左手を切った。　等

**食中毒，衛生面，食材のアレルギー**
- じゃがいもの芽や緑色の部分を十分に取らずに使用していた。
- 調理後の豚肉のしょうが焼きを皿に盛った後，生肉をつけていたつけ汁をそのまま上からかけた班があった。
- ハンバーグやゆで卵などの食材の加熱不足。
- 魚の実習で鮭を使用したらアニサキスがいた。
- 調理済みの食品のそばで生肉（ハンバーグ）を扱っていた。
- 土のついた野菜を洗わず切り始める子どもがいた。
- 手の洗浄が不十分なままだんごを作っていた。
- 重ねて納めていたフライパンや食器等の中から，洗われていないものが出てきた。　等

**ものが焦げる**
- 調理台にもたれかかって立つため，エプロンのすそやひもがこんろの中に入って燃えた。
- こんろ横にプリント，ファイル，布巾，プラスチックトレイ，ビニール袋，菜ばし等を置いていて燃やした。
- 5分間煮込むと説明したところ，煮汁が減って焦げ臭くなってもまだ4分しかたっていないからと鍋をのぞき込んでいて，鍋が焦げた。　等

**その他**
- ふざけて友達の顔にコショウをかけて目に入った。
- ぬれていた床で足を滑らせ，皿が割れ，その破片で手を切った。
- 油を入れたフライパンを加熱しすぎて煙が出た。　等

## ② 調理実習場面での危険防止方法

### 授業の教材・学習方法の工夫

- 調理器具は班ごとに入れる棚を決め，写真で入れ方を示し，正しく入っているか分かるようにしている。
- 導入時にきっちり指導し，図や絵を用いて，いつも見えるようにして確認する（パターン化する）。
- 基本的に使う用具（包丁，まな板以外）を班ごとにかごに入れて用意しておく。
- 安全清潔チェックシート（身じたく，換気，ガスこんろの使い方，包丁の片付け方など）をラミネートして調理実習時に確認しながら実習できるようにする。
- 引き出しや棚の整とんした写真をラミネートして，それぞれの引き出しや棚に掲示。
- 後片付けのときに返却する用具を用具カードと一緒に持ってこさせ，汚れが残っていないか，水気は拭きとられているか，使った数を確認して返却するように指導する。　　等

### 安全面の工夫

- 実際の危険事例（けがや事故の様子）を具体的に話し，留意させる。
- よく起こりやすい危険状況を提示し，どんなことが起こりそうか予測させる。
- 実習に必要ない物は机の上に出させない。
- 湯気でやけどする子どもがいるので，なべのふたを開けるときは，「盾のように持つ」を徹底している。
- 調理中の子どもの動線を減らすため，事前に準備物を調理台に揃える時間を設ける。
- 油が自然発火することを，国民生活センター等のHPに掲載されている画像や事例と共に指導しておく。　　等

### 衛生面の工夫

- 台布巾と食器布巾は，色分けして区別し，家庭科室のよく見えるところに掲示して，年間を通して，どの学年にも分かるようにする。
- 使った布巾を洗わずに放置しておくと，どれくらいの細菌が増えてしまうのか，数値，図で知らせた。
- 魚や肉等を切るときに使用するまな板として「紙パック」を使い捨てで活用している。　　等

### ルール作りの工夫

- 家庭科室使用時のルールを初めての家庭科の授業時に提示し，家庭科室にも掲示しておく。
- いすを片付けてから作業させる。　　等

### 包丁など刃物使用時の工夫

- 包丁は，必要なときに，教師がバットに入れて各グループに配付し，作業終了後すぐに回収する。
- じゃがいも等の皮むきの練習に，ものさしを使い，指の動かし方等を具体的に，安全に，練習した。
- 包丁，まな板は準備室の殺菌庫にしまっている。
- 包丁の扱いを指導するとき，厚紙で作った包丁を使い，手の形や置き方などを指導した。　　等

## ③ 被服実習場面でのヒヤリ・ハット体験

### ミシンでのけが

- ミシンの押さえが上がっていて，ミシン針が子どもの人差し指に刺さった。
- プラグがコンセントに差し込まれた状態でミシンの針穴に糸を通そうとしていたら，別の子どもが背中を押して，反動でコントローラーを踏んでしまい，指に針が刺さった。
- ミシン縫いで，友達が間違ったところを縫っていたので，止めようと手を出して指に針が刺さった。
- ミシンを操作している子どもが押さえを下ろしたとき，もう1人の子どもの手が押さえの下にあり，はさまった。
- ミシン針が折れて子どもの顔に当たった。
- ミシンのふた部分の取っ手を持つのではなく，下から抱えるように運ぶよう指導しているが，どうしても取っ手を持ってしまう。
- ミシンの準備，片付けの状況でミシンを落下させてしまった。
- ミシン学習で上糸，下糸をかけていた際，友達が誤ってスタートボタンを押してしまった。
- ミシンのはずみ車に髪を巻き込んでしまった。
- ミシン針を指で弾いたらしく，折れた針の先が前に座っていた子どもの顔（額）に当たった。　等

### 針の紛失

- 抜いた針を机に放置していた。
- 清掃中に床ふきをしている子どもが縫い針を見つけてヒヤッとした。
- 2本のまち針をコンセントの穴に差し込んで，ブレーカーが落ちた。　等

### 裁ちばさみ等でのけが

- 裁ちばさみで布と一緒に指先を切った。
- 裁ちばさみや，糸切りばさみ，リッパーなどを手に持ったまま歩いたり，持ったままジェスチャーで話したりする。
- 手縫い糸を切るときに，自分で切らずに隣の子どもに切ってもらおうとして，糸切りばさみの先が顔に近づいた。
- 置く位置が適切でないため，はさみが床に落ちる。
- リッパーで糸を切っているとき，勢いあまり顔の近くまで刃先がきた。
- はさみをコンセントに差し込んで火花が出た。
- 布を切るとき，ミシンのコードも一緒に切り，火花が散った。　等

### 手縫いでのけが

- 手縫いのとき，糸が長かったため，引いた縫い針が隣の子どもの顔に当たった。
- まち針を手のひらの皮に刺して遊ぶ子どもがいた。
- ボタンの穴に針を通そうとして指に刺した。
- まち針があることに気づかず作品をたたみ，針が刺さった。　等

### アイロンでものを焦がす

- アイロンを立てないで加熱してしまい，アイロン台を焦がした。
- アイロン使用後，電源を切っておらず，翌朝まで熱いままだった。
- アイロンのコンセントがしっかりと入っていなかったため，その隙間にまち針が挟まってショートした。　等

### アイロンでのやけど

- エプロン製作の際，折り目をつけるためにそえていた手をアイロンでやけどした。
- 片付けの際に，アイロンを持ち上げると中の水（熱湯）が漏れてきて，子どもの手の甲にかかった。
- アイロンの作業中に人に向けてスチームを出した。
- アイロンの電源が入ったままで放置していた。
- 電源が入っているかを，さわって確認しようとして，やけどした。
- 近くを歩いていた子どもが台に当たって，アイロンが転げ落ちた。　等

## ④ 被服実習場面での危険防止方法

### 授業の教材・学習方法の工夫

- 子どもがいつも同じミシンを使うようにすると、責任感が増し、針を折れたままにせず、丁寧に使う。
- 手縫い、ミシン縫いの手順カードを作り、パウチして手元で見られるようにする。
- 机の上の状態、ミシンやアイロンの配置を定位置にするよう徹底する。
- 裁縫箱のふたの中に、針山、糸切りばさみを入れるようにする。
- ミシンの使い方を、視聴覚教材を使って指導する。
- 作業場面のDVD（まつり縫いの仕方、ミシン糸のかけ方など）を作り、電子黒板で流した状態にしながら授業をする。生徒は分からなくなると自分で電子黒板のそばに行き、巻き戻したり再生したりして、確認しながら作業する。

### 安全面の工夫

- 使うミシンの数を少なくし、教師の目を届きやすくする。
- ミシンケースに持ち方の写真を貼り、安全に運べるようにする。
- ミシン針は外した状態で保管する。
- 机上に置くものを提示し、配置図を示して、子どもの目につく場所に掲示する。
- 落とした針が見つからないときは棒に磁石をつけて探す。
- 貸出用品（裁縫セット）等はケースに入っている物品と個数を記入したものを貼っておき、確認時にチェックさせる。
- 手縫いのときの糸の長さを「腕の長さ」と予め決めておく。
- 作業後に班の中で清掃担当を決め、掃き掃除をさせる。

### 声かけの工夫

- 授業スタート時に、針を出す数を「縫い針1本、まち針2本」などと決める。終了後に声を出して確認させる。
- まち針が刺さっている布を移動させる際、「針が通ります」と声かけする。

### 複数の教員やボランティアと共に行う

- 授業参観で裁縫の授業を行い、参観している保護者にも子どもの近くにいてもらい、安全面に配慮してもらった。
- ミシン会社から、修理も兼ねてミシンの使い方を指導してもらえる機会を利用する。

### 安全面の工夫（アイロン）

- アイロンは家庭科室の前にかためて、教師の目の届くところに置く。
- アイロンのかけ方、置き方のカードを作り、アイロン使用時に目の前に掲示する。

---

**調査報告書（2016）『家庭科の安全教育に関する実態調査』（研究代表者　伊藤圭子）**
- 調査対象：全国小学校・中学校家庭科担当教員（有効回答数　小学校176名，中学校125名）
（なお，本結果は公益財団法人日本教育公務員弘済会より平成27年度日教弘本部奨励金の助成を受けて実施した調査の一部である。）

**第3節**
# 家庭との連携

　家庭科教師が，子どもへの支援をすすめていくうえで，最も大切な連携相手は保護者です。学校と家庭がいろいろな場面で連携していくことは，「気になる子ども」への有効な支援なのです。

　では，家庭科教師と保護者が連携するうえで，大切なことは何でしょうか。以下に，連携のポイントを，STEP(1)～(3)に分けて挙げてみましょう。

## STEP (1) 教師と保護者が学校や家庭の様子について，情報を交換し，共有しましょう。

　連携するうえで，最も重要であり土台となるのは，両者の信頼関係です。その信頼関係を築くために，まず，学校や家庭の様子について情報を交換し，共有することが必要です。

### 具体的には…

①**授業内容と共に子どもの状況を説明し，その中でも特に，子どもの頑張ったことや良くなってきたことを伝えましょう。**

　保護者は，わが子のできない様子についてはたいてい理解しています。よって，わが子の「できないこと」に対して悩んでいる場合が多くあります。そんな中，長所や成長の様子を伝えられると「この先生は分かってくれる」と感じます。このことが信頼関係を築くための大きなポイントです。教師が子どもの良さを見つけてくれると保護者は心強さを感じ，また子どもの状態も好転させていきます。

②**保護者に，学校全体や授業で行っている支援（取り組み）を伝えましょう。**

　保護者の中には，家庭での様子と学校での様子のギャップに驚き，教師の指導力を疑ってしまったり，学校の支援体制に不満を感じてしまう人がいるかもしれません。そうなると，教師に対して冷たい言葉を発してしまったり，子どもにあたってしまうことに繋がりかねません。そうならないために，教師が学校全体や授業での支援について伝えることは極めて重要です。このことは，悩んでいる保護者にとっては，家庭での対応のためのヒントにもなりえるでしょう。

③**周りの子どもの保護者にも，授業内容と，個々の子どもが特別な教育的配慮を必要としていることについて説明し，理解を求めましょう。**

　困難のある子どもを支援するためには，周囲の理解と協力も大切となります。誰にでも苦手なことがあり，本人が苦しみながら努力をしていることを，周りの保護者にも理解してもらうことが必要です。一人ひとりの子どもが必要としている特別な支援について理解されれば，一貫性のある協力・支援ができると思われます。

これらのことを伝えるためには，連絡帳や家庭科だよりを活用することが，日常的で有効だと考えられます。また，参観日や懇談会，家庭訪問等，直接会って話せる機会も活用しましょう。保護者からもこれらの手だてによって，家庭の様子を伝えてもらいましょう。学習プリントや家庭科だよりに，家庭からの返信欄を設けるなどの工夫をすれば，保護者からの声を聞くことがより可能になると思われます。情報交換・情報共有においては，ただ単に状況を伝えあうだけでなく，「○○について不安がある」，「○○して欲しい」等，悩みや要望，お互いの気持ちも，しっかりと伝えることが大切です。この段階において，教師は保護者の気持ちに共感し，理解していこうとする姿勢をもちましょう。

## STEP（2）教師と保護者が，共に子どもの家庭科の学習目標を設定し，支援の方向性を一致させ，具体化しましょう。

　子どもの中には，家庭科の学習において，次のような困難状況にある子どもがいます。例えば「授業内容を理解できない」「ノートやプリントの記入ができない」「授業に集中できない」「用具や器具の使い方が理解できなかったり，うまく扱えないため，安全面に不安がある」というような状況です。このように，他の子どもと同じように学習をすすめることが困難である場合，教師と保護者が，共に，その子どもの学習目標を設定し，それに関する支援の方向性を一致させ，具体化しておく必要があります。

### 具体的には…

**①子どもの状況を理解し，何を到達目標とするかを保護者と共に設定しましょう。**

　教師は，自らの判断ではなく，子どもの状況をよく理解している保護者と，共に目標を設定することで，その子どもの到達目標に対する，より適切な教材・学習課題を選ぶことができると思われます。

**②これからどんな支援をしていこうとしているかという支援の道筋を示し，保護者と一致させましょう。**

　学習の中で行おうとしている支援を保護者に伝え，教師，保護者，周囲の子どもにどこまで支援してもらえばよいか，何を個別指導したら良いか，ということを両者で具体的にはっきりさせておきましょう。そうすることで，支援の見通しをもつことができ，教師や保護者の心理的不安も取り除くことができます。また子どもにとっても，より良い支援に繋がると思われます。

　目標設定および支援の具体化では，両者にズレが生じないよう，STEP（1）の情報交換，情報共有による信頼関係の構築が不可欠であることはいうまでもありません。

## STEP（3）教師と保護者が，具体化した支援における役割を，それぞれ遂行しましょう。

　家庭科は，生活をより良くするため，実践できるようになることをめざしている教科です。つまり，家庭科は，学習した知識や技能などが日常生活で活用されて，はじめて学習が完結するのです。授業でやって終

わり，では意味がないのです。

　子どもが「生活実践力」を身につけることができるようにするためには，教師と保護者によって具体化した支援について，それに関する役割を，それぞれが遂行していくことが必要だと考えられます。

### 具体的には…

#### ①子どもの到達目標に向かって，保護者と共に「共通にできること」を行っていきましょう。

　日常生活で実践するためには，子どもが学習内容に対して意欲的になることが大切です。そのために，「共通にできること」に取り組みましょう。例えば教師が，授業で子どもが達成できたことを保護者に伝え，保護者はそれを家庭でもほめたり，授業で学習した内容を家庭でも繰り返し話題にしたりすることが考えられます。また，望ましくない行動をしたときには，むやみに叱らず，受容・共感するような言葉がけをしたり，指示や説明を行うときには，分かりやすい言葉を使うなど，両者で言葉がけの仕方を揃えること，さらに，学校でも家庭でも見通しをもって生活ができるよう，１日のスケジュールをそれぞれ作っておくこと等も効果的です。このようなことで，子どもは安定感や意欲をもつことができ，学習内容の定着も図りやすくなると思われます。

#### ②教師が行うべきことと，保護者が行うべきことを分担して，その役割を遂行しましょう。

　①の「共通にできること」に加えて，教師と保護者が役割を分担することも重要です。例えば，教師が保護者に事前に学習内容を伝え，保護者が家庭で下準備や試行学習のようなことをやってみる，事後には家庭で確認学習を行ってみる，というようなことが考えられます。また教師は学習に関する忘れ物チェックカードや家庭学習カードを作成し，家庭で保護者が子どもと共にチェックするようにする，家庭で落ち着いて学習ができる場所（環境）をつくる，ということも考えられるでしょう。さらに，両者がお互いの役割を明確にして，共に授業を行うということもできるでしょう。このような手だては，子どもの学習をよりスムーズにし，学習内容の定着と生活実践力に繋がると考えられます。

　以上のようなポイントをもとに，教師と保護者は信頼関係を築き，同じ目標に向かって，子どもへの支援をすすめていきましょう。障害の有無にかかわらず，子どもを生活者として育成するためには，教師と保護者の連携は極めて重要なのです。

　ただ，連携の重要性は理解していても，教師は何かと忙しく，中には連携することを厄介と思っている人もいるかもしれません。逆に，子どもの教育に関して，学校任せになっている保護者もいるかもしれません。しかし子どもの教育は，学校のみが抱える問題ではないし，反対に，家庭が学校からの受け皿になることでもないのです。学校も家庭も，それぞれが子どもの教育の主体となって，子ども達が生活者としての実践力を身につけることができるよう，支援していく必要があるのです。

第4章　家庭科授業　応用・発展

## 第1節
# 一枚ポートフォリオシートの活用

### (1) 一枚ポートフォリオシートとは

　一枚ポートフォリオシートは，一枚ポートフォリオ評価法に用いられるワークシートです。堀（2013）によると，一枚ポートフォリオ評価法は「教師のねらいとする授業の成果を，学習者が一枚の用紙の中に授業前・中・後の学習履歴として記録し，その全体を学習者自身に自己評価させる方法」であり，一枚ポートフォリオシートは「学習者が物事や事象を認識する枠組みである認知構造を可視的に表現し，外化すること」を目的としています。一枚ポートフォリオ評価法は一般的なポートフォリオ評価と異なり，一枚の用紙のみを用いるので，評価のために必要最小限の情報を最大限に活用することができます。

　一枚ポートフォリオシートの活用により，学習者は学びによる自分の成長過程が具体的内容を伴って可視的に把握でき，学習の成果を振り返ることが可能になります。また教師は，学習前・中・後において学習者の学習の進捗状況を見取ることができ，その情報から授業評価を行い，指導の改善を行うことができます。一枚ポートフォリオシートの基本的構造としては「Ⅰ．単元（題材）名」「Ⅱ．学習前・後の本質的な問い」「Ⅲ．学習履歴」「Ⅳ．学習後の自己評価」の4つの要素で構成されています。

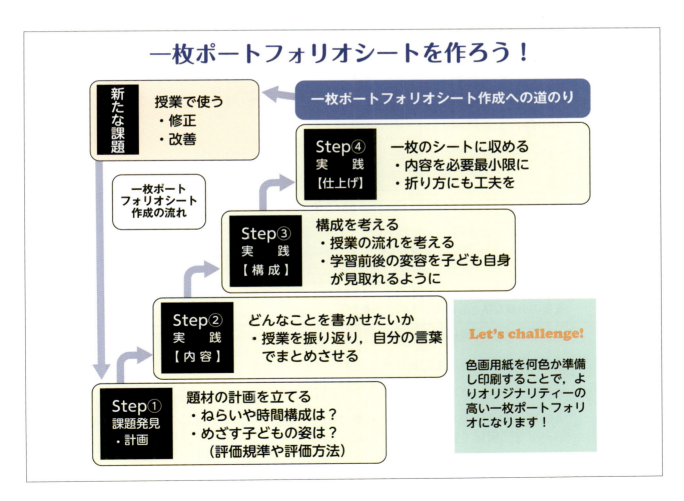

— 89 —

## (2) 家庭における一枚ポートフォリオシートの実際

【実践例】「食品を選択しよう！ ～めざせ！食品選びマイスター～（4時間扱い）」

一枚ポートフォリオシート

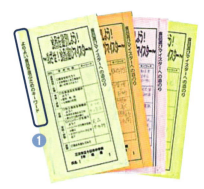

一枚ポートフォリオシートはB4サイズの色画用紙を使用すると一単元の内容が収まりやすいです。何種類かの色画用紙で一枚ポートフォリオシートを作成すると，配付するときに分かりやすく，便利です。

一枚ポートフォリオ展開図（屏風だたみに折るパターン）

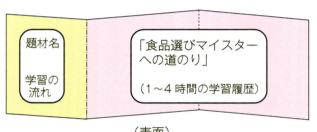
（表面）

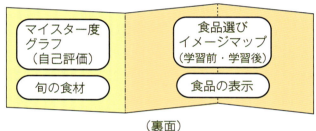
（裏面）

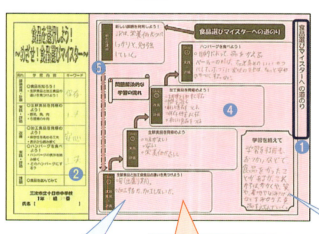

- 板書やノートを見ながら，分かったことを具体的に書かせる。
- 教師は子どもの記述内容から，学習の進捗状況を見取ることができる。
- 学んだことをまとめ，大切だと思うことを自分なりの言葉で書かせる。

| | 支援の必要な子どもに対する手立てや工夫 |
|---|---|
| ❶ | インデックス（見出し）をつけて，書いてある内容を分かりやすく示す。 |
| ❷ | 授業を終えてもっとも印象に残ったキーワードを書く。 |
| ❸ | 授業終了後に，めざす姿への達成度を評価させる。 |
| ❹ | 4時間の学習履歴を自分なりの言葉でまとめて書く。書きにくい子どもには，板書のキーワードを活用して書くよう指導する。 |
| ❺ | 新しい課題を発見させることを通して，学習や家庭実践への意欲をもたせる。 |

# 第2節 ジグソー学習法の活用

## (1) ジグソー学習法

ジグソー学習法は，協同学習を目的として，アメリカの社会心理学者であるエリオット・アロンソンらによって開発されました。学級を小集団で分け，次のような3つの段階で学習をすすめていきます。

第一段階　ジグソーグループ（ホームグループ）で追究したい学習テーマを確認
第二段階　カウンターパートグループでの学習（調査・まとめなどにより理解を深める）
第三段階　ジグソーグループ（ホームグループ）にもどり，学んだことを教えあう

第一段階　ジグソーグループ

| グループ1 | | グループ2 | |
|---|---|---|---|
| Aさん テーマ① | Bさん テーマ② | Eさん テーマ① | Fさん テーマ② |
| Cさん テーマ③ | Dさん テーマ④ | Gさん テーマ③ | Hさん テーマ④ |

| グループ3 | | グループ4 | |
|---|---|---|---|
| Iさん テーマ① | Jさん テーマ② | Mさん テーマ① | Nさん テーマ② |
| Kさん テーマ③ | Lさん テーマ④ | Oさん テーマ③ | Pさん テーマ④ |

第二段階　カウンターパートグループ

| テーマ①グループ | | テーマ②グループ | |
|---|---|---|---|
| Aさん テーマ① | Eさん テーマ① | Bさん テーマ② | Fさん テーマ② |
| Iさん テーマ① | Mさん テーマ① | Jさん テーマ② | Nさん テーマ② |

| テーマ③グループ | | テーマ④グループ | |
|---|---|---|---|
| Cさん テーマ③ | Gさん テーマ③ | Dさん テーマ④ | Hさん テーマ④ |
| Kさん テーマ③ | Oさん テーマ③ | Lさん テーマ④ | Pさん テーマ④ |

第三段階　ジグソーグループ

| グループ1 | | グループ2 | |
|---|---|---|---|
| Aさん テーマ① | Bさん テーマ② | Eさん テーマ① | Fさん テーマ② |
| Cさん テーマ③ | Dさん テーマ④ | Gさん テーマ③ | Hさん テーマ④ |

| グループ3 | | グループ4 | |
|---|---|---|---|
| Iさん テーマ① | Jさん テーマ② | Mさん テーマ① | Nさん テーマ② |
| Kさん テーマ③ | Lさん テーマ④ | Oさん テーマ③ | Pさん テーマ④ |

テーマ設定の例

| 内容 | 例1) 家族・家庭と子どもの成長 | 例2) 衣生活・住生活と自立 | 例3) 衣生活・住生活と自立 |
|---|---|---|---|
| テーマ | 幼児の成長や発達 | 日常着の手入れ | 安全で快適な住まい |
| | ①幼児の体の成長<br>②運動機能の発達<br>③社会性の発達<br>④ことばの発達<br>等 | ①繊維の丈夫さ<br>②繊維の防しわ性<br>③アイロンがけの効果<br>④洗濯による収縮性<br>等 | ①幼児や高齢者に優しい住まい<br>②災害対策<br>③室内環境<br>④騒音対策<br>等 |

## (2) ジグソー学習法

ジグソー学習法を活用した学習を仕組む / 支援の必要な子どもに対する手だて

| | | |
|---|---|---|
| 1 教材の決定 | ・問題解決的な学習ができそうな題材を選ぶ（学習課題を分担→学習課題を追究→発表）。 | 支援の必要な子どもが関心や興味をもっているか，予め把握しておく。 |
| 2 班編成 | ・班の人数を決める（3〜4人が適切）。<br>・学習テーマの数との兼ね合いを考慮する。 | 支援の必要な子どもの人数なども考慮して編成する。 |
| 3 テーマ決定 | ・ジグソーグループで追究したい学習テーマを確認。 | 学習目標や内容，学習計画を予め示しておく。 |
| 4 調査活動 | ・カウンターパートグループでの学習（調査・まとめなどにより理解を深める）。 | ジグソーグループを代表して調査することの重要性や調査後にジグソーグループで発表する等学習の必然性を理解させる。 |
| 5 表現活動 | ・ジグソーグループに戻り，学んだことを教えあう。 | カウンターパートグループでの学習を生かして自信をもって発表させる。 |

## (3) ジグソー学習法活用の利点

　筒井（1999）は，次のようにこの学習の利点を挙げています。
①生徒がお互いを好きになる
②学校が好きになる
③自尊心が高まる
④競争的な感情が減少する
⑤他の子どもから学ぶことができるということを信じる
⑥学業成績が向上する
⑦相手の立場に立って考えることができる
⑧学習者の主体性の向上
⑨学習に対する責任感の向上
⑩コミュニケーション技能の向上

# 第3節 家庭実践レポートの活用

## (1) 家庭実践レポートの目的

学校で学んだことを活用して，家庭で実践しレポートにまとめて提出させる取り組みです。本校では全校の子どもについて実施しています。

子どもが，生活全体を見通し，総合的に捉えて課題を解決する方法を身につけることを目的として，学期に3枚（月に1枚程度）提出させています。生活を見つめ，自ら課題を発見・設定し，学んだことを生かして実践・評価することを通して新たな課題を発見していく過程を繰り返させることで，課題をもって生活をより良くしようとする能力と態度を育成させる取り組みです。

## (2) 家庭実践レポートの取り組み，方法

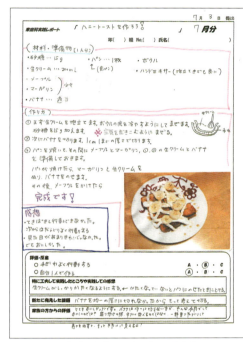

家庭実践レポートの事例

| レポート用紙 | ●レポート用紙は指定の用紙とし，いつでも入手できるように指定の場所に置いておく。また，レポート用紙裏面に，レポートの書き方について記載しておく。 |

| 目的・内容 | ●年度当初の家庭科授業ガイダンス，家庭科通信等を活用しながら周知する。先輩等のレポートを見せながら説明することで，イメージをもたせる。 |

| 提出 | ●家庭科通信等で予め提出日を指定し，周知する。提出場所も指定しておき，提出日までに提出することとする。早めに提出することも可能とする。 |

| 評価 | ●レポートの評価については，レポート用紙裏面に記載しておく。<br>●保護者からの評価を記入してもらう欄を設定し，家庭生活を支える一員としての自覚をもたせるように工夫する。 |

| 掲示 | ●全校の子どものレポートは指定の場所に掲示する。 |

掲示された家庭実践レポート

第4章 家庭科授業 応用・発展

（主な参考文献）
- Toby J. Karten著　川合紀宗訳（2016）『インクルーシブな学級づくり・授業づくり―子どもの多様な学びを促す合理的配慮と教科指導―』学苑社．
- 友野清文（2016）『ジグソー法を考える協同・共感・責任への学び』丸善プラネット．
- 堀哲夫（2013）『教育評価の本質を問う 一枚ポートフォリオ評価OPPA 一枚の用紙の可能性』東洋館出版社．
- 中央教育審議会初等中等教育分科会（2012）『共生社会の形成に向けたインクルーシブ教育システム構築のための特別支援教育の推進（報告）』
- 東京都 日野市 公立小中学校全教師・教育委員会with小貫 悟（2010）『通常学級での特別支援教育のスタンダード―自己チェックとユニバーサルデザイン環境の作り方―』東京書籍．
- Constance McGrath著　川合紀宗訳（2010）『インクルーシブ教育の実践―すべての子どものニーズにこたえる学級づくり―』学苑社．
- 独立行政法人国立特殊教育総合研究所（2010）『LD・ADHD・高機能自閉症の子どもの指導ガイド』東洋館出版社．
- 菊地雅彦監修　井上祥子・山田智子編著（2007）『ADHDの子どもへのサポート＆指導事例集』学事出版．
- 下司昌一・砥柄敬三（2005）『小・中学校の課題整理　特別支援教育をどう進め，どう取り組むか』ぎょうせい．
- 伊丹市立伊丹養護学校支援センター（2005）『学級担任サポートガイド―支援のとびらを開く―』
- 中央教育審議会（2005）『特別教育を推進するための制度の在り方について（答申）』
- 山本淳一・池田聡子（2005）『応用行動分析で特別支援教育が変わる―子どもへの指導方略を見つける方程式―』，図書文化社．
- 東京コーディネーター研究会（2004）『通常の学級担任のための指導ヒント集が付いている：高機能自閉症，ADHD，LDの支援と指導計画―特別支援教育の手引き―』ジアース教育新社．
- 文部科学省（2004）『小・中学校におけるLD（学習障害），ADHD（注意欠陥／多動性障害），高機能自閉症の児童生徒への教育支援体制の整備のためのガイドライン（試案）』．
- 廣瀬由美子・東條吉邦・加藤哲文（2004）『すぐに役立つ自閉症児の特別支援Q＆Aマニュアル―通常の学級の先生方のために―』東京書籍．
- 高橋あつ子（2004）『LD，ADHDなどの子どもへの場面別サポートガイド―通常の学級の先生のための特別支援教育―』ほんの森出版．
- 森孝一（2003）『教育の課題にチャレンジ7：LD・ADHD・高機能自閉症　就学＆学習支援』明治図書．
- 特別支援教育の推進に関する調査研究協力者会議（2003）『今後の特別支援教育の在り方について（最終報告）』
- 吉田昌義・吉川光子・河村久・柘植雅義（2003）『つまずきのある子の学習支援と学級経営―通常の学級におけるLD・ADHD・高機能自閉症の指導―』東洋館出版社．
- 伊丹市立緑丘小学校教育相談委員会（2003）『兵庫県LD等調査研究協力校支援実践報告書　個を生かし，共に学ぶための支援のありかたを考える―インクルーシヴな学校を目指す緑丘小学校（伊丹市）の取り組みを通して―』伊丹市立緑丘小学校．
- 佐藤晴雄（2002）『学校を変える地域が変わる―相互参画による学校・家庭・地域連携の進め方―』教育出版．
- 柏木智子（2002）「学校と家庭・地域の連携に関する一考察―子どもへの効果に着目して―」『日本教育経営学会紀要』44，pp.95-107．
- 福岡県教育委員会・福岡県教育センター（2003）『はじめようADHDの子どもへの支援』．
- 伊藤圭子（2002）『家庭科における統合教育の検討（第2報）―教師からみた課題―』，日本家庭科教育学会誌，44・4，pp.319－327．
- 筒井昌博編著（1999）『ジグソー学習入門　―驚異の効果を授業に入れる24例―』明治図書，p.26．

# おわりに

　本書は，2006年3月に作成した冊子『家庭科こうしてみませんか―特別支援教育・ここから始めよう』（広島大学伊藤研究室発刊）に，その後実施した調査結果や開発した授業実践などを加筆してまとめたものです。冊子作成から約10年を経過しましたが，その間に「インクルーシブ家庭科研究会」を発足させ，家庭科学習における子ども一人ひとりのニーズに応えた授業づくりについて，小・中学校の家庭科担当教師と伊藤研究室の学生および筆者が共同して検討を重ねて授業開発をしました。さらに授業実践現場での子どものつまずきの現状，危険場面なども調査しました。それらの成果を本書に盛り込んでいます。

　また，広島大学大学院教育学研究科　川合紀宗先生には，これまでの私たちの取り組みに特別支援教育の立場から，適切なご助言を頂戴するとともに，本書に「『気になる子ども』の行動特徴と手だて」の原稿を執筆していただきました。そして，広島大学名誉教授福田公子先生には特別な配慮を必要とする子どもを対象とした筆者の研究に対しまして，長年励ますとともに，適切なご助言をいただきました。先生方に感謝の意を表します。

　本書の刊行は，多くの伊藤研究室の修了生，卒業生による真摯な取り組みに支えられています。特に，西智子さん，柳原由佳さん，上田香那子さん，清水麻衣さん，佐取さやかさん，黒田ななさんには多大なるご支援をいただきました。共にインクルーシブな家庭科授業について検討した日々が懐かしく思い出されます。心からお礼を申し上げます。

　最後になりましたが，本書の刊行にあたって，大変ご尽力くださった開隆堂編集部樋口良子氏に深謝いたします。

　本書が，「気になる子ども」と共に学ぶ家庭科授業をどのように留意して実践すれば良いかと戸惑っておられる先生方の一助になれば，私たちの大きな喜びです。

伊藤　圭子

（編著者）

伊藤圭子　博士（教育学）
・広島大学大学院教育学研究科　教授
・日本家庭科教育学会賞　受賞
・主な著書：『軽度知的障害児を対象とした栄養教育の開発に関する研究』（風間書房）
　　　　　　『教育実践力をつける家庭科教育法』（大学教育出版）
　　　　　　『生活力を育てる家庭科授業』（梓出版）　　　ほか

（執筆者一覧）

| 石田浩子 | 広島大学附属東雲小学校 | 第3章第1節　2節1.2. |
|---|---|---|
| 伊藤圭子 | 広島大学大学院教育学研究科 | 第1章第1節〜3節，第5節<br>第2章授業実践①⑨⑰ |
| 伊藤　優 | 就実短期大学 | 第3章第2節3．第3節 |
| 川合紀宗 | 広島大学大学院教育学研究科 | 第1章第4節<br>第2章「特別支援教育の視点から一言」(p.39) |
| 栞原知恵 | 広島県公立中学校 | 第2章授業実践④⑦⑧⑪⑫⑮⑯⑳　第4章 |
| 斎藤紀子 | 広島県立呉南特別支援学校 | 第1章第5節　第2章授業実践㉑　「特別支援教育の視点から一言」(p.39を除く) |
| 西　敦子 | 山口大学教育学部 | 第2章授業実践③⑤⑲ |
| インクルーシブ家庭科研究会 | | 第2章授業実践②⑥⑩⑬⑭⑱ |

（所属先は執筆時）

## 「気になる子ども」と共に学ぶ家庭科
―特別な支援に応じた授業づくり―

2017年10月10日　第1刷発行
2019年 3月20日　第2刷発行
2024年 5月15日　第3刷発行

編著者　●　伊藤圭子
発行者　●　岩塚太郎
発行所　●　開隆堂出版株式会社
　　　　　　〒113-8608　東京都文京区向丘1丁目13番1号
　　　　　　TEL 03-5684-6116（編集）
　　　　　　http://www.kairyudo.co.jp
印刷所　●　株式会社大熊整美堂
発売元　●　開隆館出版販売株式会社
　　　　　　〒113-8608　東京都文京区向丘1丁目13番1号
　　　　　　TEL 03-5684-6118
　　　　　　振替 00100-5-55345

・定価はカバーに表示してあります。
・本書を無断で転載または複製することは著作権法違反となります。
・乱丁本，落丁本はお取り替えいたします。

ISBN978-4-304-02150-3